Esther Ferrari
Vo äägelige Urnäscher

Esther Ferrari

Vo äägelige Urnäscher

Geschichten über Urnäscher Originale
erzählt in Urnäscher Mundart
und in Schriftsprache

Appenzeller Verlag

Esther Ferrari ist 1940 in Speicher AR geboren und die ersten sechs Jahre aufgewachsen, bis die Familie nach Azmoos gezogen ist. Seit 1965 wohnt sie in Urnäsch. Sie ist als Geschichtenerzählerin sowie als freie Journalistin für verschiedene Lokalzeitungen tätig. Von ihr sind «Daa isch de Tuume» sowie «Wälti wird Silvesterchlaus» (beide Appenzeller Verlag) erschienen.

1. Auflage, 2017
2. Auflage, 2018

© by Appenzeller Verlag, CH-9103 Schwellbrunn
Alle Rechte der Verbreitung, auch durch Film, Radio und Fernsehen, fotomechanische Wiedergabe, Tonträger, elektronische Datenträger und auszugsweisen Nachdruck, sind vorbehalten.

Umschlaggestaltung: Janine Durot
Umschlagbild: Amelia Magro
Gesetzt in Stempel Garamond LT und Hobo Std
Satz: Appenzeller Verlag, Schwellbrunn

ISBN: 978-3-85882-770-8

www.appenzellerverlag.ch

Inhalt

Mensche sönd wie Bömm   11

Wiibervölcher, wo wössed, was s wönd   13
  D Huenze n Emme   13
  D Teller-Eva   19
  S Frölein Chrüsi   20

Vo Schtrosseförber ond Chemifeger   25
  De Blaari Alder ond de Langhanes   25
  De Schtrosseförber Frehner ond de Zäbi Alder   30
  D Chemifegere Fässler ond Chnöpfel   32

Vo Fuermanne ond Ruchwercher   35
  De Trullala   37
  De Pfändlers Willi   38
  De Bueche-Jöckli   40

Vo Brave ond Huusleche   43
  D Orgle-Else ond eri Schwöschter Emma   43
  D Tante Schmid ond s Anneli Hug   49
  Gäälers Määrti   55

Vo Wertschafte ond Wertslüüt   61
  Wertsfraue met em Herz am rechte Fleck   61
  Boli – en bekannte Namme   62
  De Blitzchog   65

Vo Armehüüsler ond Taglööner — 69
Im Wenter e warmi Schtobe — 69
Vo Vögel, wo im Früelig uusflüüged — 71
Möslis Hanes oder de starch Mösli — 72

Vo Liebeslüüt ond Ehepäärli — 79
Met de Liebi isch nüd all eefach — 79
De Leberezwerg ond sini Frau — 82
D Josy Glaser ond de Ernscht Schoop, eren Greber Göres — 84

Menschen sind wie Bäume — 93

Von Frauen, die wissen, was sie wollen — 95
Emma Nabulon, genannt Huenze n Emme — 95
Emma Knöpfel, genannt Teller-Eva — 101
Die Handarbeitslehrerin Emma Krüsi — 102

Von Strassenkehrern und Kaminfegern — 107
Jakob Alder, genannt Blaari Alder, und Hans Knöpfel, genannt Langhannes — 107
Emil Frehner und Hans Alder, genannt Zäbi — 112
Die Kaminfeger Emil Fässler und Hans Knöpfel — 114

Von Fuhrleuten und Holzarbeitern — 117
Hans Ammann, genannt Trullalla oder Amäs Hännes — 119
Willi Pfändler — 120
Jakob Frischknecht, genannt Bueche-Jöckli — 122

Von Braven und Sparsamen 125
Elsa Zuberbühler und Emma Schoop-Zuberbühler 125
Frieda Schmid und Anna Hug 131
Martin Gähler, genannt Gäälers Määrti 137

Von Wirtschaften und Wirtsleuten 143
Wirtinnen mit dem Herz auf dem rechten Fleck 143
Boli, ein bekannter Name 145
Hermann Martin, genannt Blitzchog 148

Von Armenhäuslern und Taglöhnern 151
Immerhin eine warme Stube 151
Von Vögeln, die im Frühling ausflogen 153
Johann Mösli, genannt der starke Mösli 154

Von Liebes- und Ehepaaren 161
Die Liebe ist ein schwieriges Kapitel 161
Der Leberzwerg und seine Frau 164
Josy Glaser und Ernst Schoop, nur Josy
nannte ihn Greber Göres 166

Vo Lüüt ond wenns glebt hönd 175

I widme da Büechli allne Lüüt vo Urnäsch ond dene os de ommligende Gmende; all dene, wo Freud hönd a alte Gschichte, oder wo gär no d Mensche, wo dren vorchönd, kennt oder vo ene ghöört hönd; mim Ex-Maa Paul Schoop vo de ehemolige Drockerei Ernst Schoop AG; öserne vier Chend, em Hampi, de Barbara, de Susanne, de Regula, erne Familie ond allne mine Nochkomme ond Fründe. I danke em Hanspeter Walser, em Werner Altherr ond allne andere, wo mer gholfe hönd bim Recherchiere, Öbersetze ond Korrigiere.

Gewidmet allen Leuten aus Urnäsch und den umliegenden Gemeinden; all jenen, die Freude haben an alten Geschichten; allen, die die Menschen, die hier beschrieben werden, noch gekannt oder von ihnen gehört haben; meinem Ex-Mann Paul Schoop von der ehemaligen Druckerei Ernst Schoop AG; unseren vier Kindern, ihren Familien und allen Nachkommen. Ich danke Hanspeter Walser, Werner Altherr und allen, die mich bei der Arbeit an diesem Buch unterstützt haben.

Mensche sönd wie Bömm

Mer menid memmol, me töred ke bogglets oder e chromms Bömmli wachse loo. Debii sönd s gaad di oograade Gschtalte, wo a de unmöglichschte Ort Worzle schlönd ond wo e Geged e so riich ond ääggelig präget. D Omgebig het en Iifluss of de Mensch ond d Ärbet au. S isch gär nüd e so lang her, dass d Lüüt bi ös no e so glebt hönd, wie s doo im Büechli beschrebe wered. Di meischte sönd arm gsee, hönd möse huuse. Erscht dank de Technik, de neue Medie ond dank de AHV, wo di erscht 1949 uuszalt worde isch, sönd besseri Bedingege gschaffe worde. Wövill het si i knapp hondert Joor veränderet! Me lebed nomme wie früener. Cha me öberhopt os hütiger Sicht s Handle vo ösere Vorfaare veschtoo? Loont sech s, en Blick zroggzwerfe, söll me di alt Zit nomol vörehole? Jede Mensch, wo vo ös goot, nent e Schtock Erlebe mit, wo eemolig gsee isch. Dar mer eres Tue, wo doozmool im Dorf offe d Rondi gmacht het, nomol vezelle, oder wör mer s gschider ruebeloo? Isch nüd alls zom Noemache, s het nüd alls Loorbeere vedienet.

I ghör no zo Generazio, wo als Chend weder Radio no Fernsee kaa het. Deföör het me gschwätzt öber d Grosseltere, di Verwandte ond Bekannte. Wa me als wichtig aaglueget het, isch wiitervezellt worde. Vill vo dem Alte ha n i ufgschrebe. Ond obwohl i nüd z Urnäsch ufgwachse bi, ha n i mengs mitöbercho, will s mi interessiert het. Me säät, das s dozmool z Urnäsch zweierlei Lüüt kaa hei; die vom Tal ond die vom Dorf, die, wo enand Du gsäd hönd, ond die, wo enand Sii gsäd hönd, vorneemi ond efachi, deregi, wo ordeli ond aaschtändig gschwätzt hönd, ond sönegi mit ere ruuche Schprooch, Chläusegi ond Oochläusegi. S Wetter ond de Säntis, da het allne ghört. Ond da isch hüt no e so.

Zom Titelbild vo de Amelia Magro: E zfredes Appezeller Päärli lueged os em Fenschter. Eer het s Lendauerli im Muul. Sii lached. Niemert wör drofcho, dass da Bild vo de Huenze n Emme ond em Bueche-Jöckli em Zuefall z verdanke isch. Vor Joore ha n i d Fotografin Amelia Magro zo de Emme Nabulon mitgnoo. De Jöckli, wo fascht jede Tag of sine chromme Bee a ösem Huus vorbiglaufe isch ond e fröölichs «Buhuii» gjuchzed het, ha n i drom bette mitzchoo. «Zo de Emme, werom nüd!» I ha Wii mitproocht, en Drüpfönder, Schpeck, Pantli, Chäs ond Chueche. Bald sönd mer z vierte i Emmes efacher Chochi ghocket. S het zerscht ke Gschpröch wöle ufcho. Langsam het de Wii d Schpannig e chli glöst. Die beide hönd nüd gmerkt, wenn de Fotiapparat klick gmacht het. D Amelia het en Art kaa, d Lüüt nüd z merke loo, wenn si abdrockt. Wo mer ös verabschidet hönd, ha n i de Jöckli gfröget, öb er mit ös zroggfaare wöll. «I bliibe gad no e chli bi de Emme», het er mit eme verschmitzte Gsicht gment ond ere mit em Elleboge e liechts Schöpfli gee. «Gell, wenn die gange sönd, schpiled mer den e chli blindi Chue!» D Emme het kicheret wie n en Schuelegoof. Eri Bagge sönd nüd no vom Wii rot worde. D Auge hönd glüchtet.

Mer sönd scho e paar Schrett vom Huus eweg gse, wo ös en Juchzer vom Jöckli zroggluege loo het. Die zwää hönd zom Schtobefenschter usglueget. I ha gwunke. D Amelia het mi ghässe, die beide no chli ufzhalte. Si het de Fotiapparat, wo scho wider i de Täsche versorget gse isch, vöregno ond het ees vo erne schönschte Bilder gschaffe.

Esther Ferrari

Wiibervölcher, wo wössed, was s wönd

D Huenze n Emme

«Man nannte si Huenze n Emme», het de Urnäscher Chronischt Hans Hürlemann im Noeruef öber d Emme Nabulon i d Appezeller Ziitig gschrebe. En Noeruef för ä so en efachi Frau het viil Lüüt im Dorf berüert. Ali hönd si kennt, die ägewillig, altmödig aglääti Frau, au ali Goofe ond Schüeler hönd si beschtens kennt. Di einte hönd si gförcht, anderi mit ere gschtrette, öber si glachet oder fredlech mit ere plauderet. E Persönlichkeit isch si gse. «Huenze n Emme» isch i eren Grabschtee igmeislet, denebet en Huenze.

Onde de Schtrooss, gegenöber vom Schuelhuus Mettle, het si erni Heemet kaa, wo si puuret het. Wie d Urnäscher vor hondert Joor. Ke Gräshälmli isch veloore gange, ke Hämpfeli Heu. Jede Hagpfool isch suuber usegmääijt gsee, jedes Böörtli abegrechet. Wenn si d Huenze ufgschtellt het ond s Heu droff tue, het me gwösst, d Sonn elee tröchnet s Heu nüd. Me mos näbis tue deföör. Si het zom Bode mee Sorg kaa als zo ere selber.

Si hei no richtegi Heublueme, da sei s Zääche vome gsonde Bode, het si erklärt. Ond das da en Wert hei, merked d Lüüt zmol denn scho wider. «Hützotags fanged s z früe aa heue, dromm chönd d Blueme nomme vesoome. Me söt öberhopt nüd määije, bevor s Habermarch blüet.» Gad chörzlech sei e Frau zo ere choo, go Heublueme bettle. För e Bad! D Emme het en Scholle useglached. Jo, för e Bad, me cha s natürli au för seb bruuche. Si bruuchi s zom Fuettere ond Aaschtreue. Da teu de Chüe guet. Si seied mönder chrank ond bruched nüd all en Tockter. Si het sich schtreng a di alte Puureregle ghalte, het alli osswendig gwösst. Am 10 000 Rittertag (22. Juni) mös mer s Oochruut usropfe, denn wachsis da Joor nomme no. Em alte Maie sött me no e chlises Schtöckli Heu haa, sös chönnt s böös werde (de alt Maie isch noch em alte Kalender de 13. Mai). Zviel tummt (öberdüngt) sei ere sin Bode nüd. Vo Hand het si gmeschtet, de Mescht au memmol mit de baare Hend vertäält.

D Bschötti het si mit de Bschöttitrocke ond em Bschöttischepfer uustue, baare Füess, mit em gliiche Rock ond de gliiche Schooss, wo si au im Huus inne aakaa het. Si het efach no en Taaresack om de Buch bonde.

Ken Schtall isch so suuber gse wie de vo de Huenze n Emme. Jedes Joor het s en samt em Bschtökt, vo Hand ond off de Chnüü, mit de Fegbörschte ond Schmiersäpfe gfeget. Au d Wänd sönd dra cho. Die loose Bretter het si verusegschläpft ond am Bronne potzt. Me het im ganze Schtall i jedem Egge chöne e Beckeli voll Room of em Bode uslääre ond ooni ommeluege zemeschlecke. Niene en Dreck ond niene e Schpiinnjoppe.

Bi ere selber isch si en Blätsch mönder suuber gse, vor allem i de schpötere Joore. Me het nie gwösst, öb si Schtrömpf aahei oder öb eri Bee vom Meschte oder vom Nüd-Wäsche ase bruu gse seied. Gwand het si öber vili Joor s gliich aakaa. Mit erne usglatschete Schue het en normale Mensch chumm chöne laufe. Ere isch es wool gse. Wo e paar Schuelgoofe för e Theateruffüerig noch altertümliche Schue uus sönd, hönd s ebe au de Huenze n Emme gfrööged. Wa? Alti Schue? Da hei si scho. Ees vo dene Päärli sei scho ganz velöcheret. Da wär gad guet, hönd d Goofe gment. Aber d Emme het abgwunke. Jo, ne nei, die chön si nüd gee, di bruuch si ebe scho no selber.

Mit de Schüeler het si s Heu nüd all off de gliiche Büüni kaa. Fochstüüfelswild isch si worde, wenn s öber s Gräs gschprunge sönd oder d Wees mit Papierfetzli oder Abfall vezotteret hönd. Si het denn doch chöne sirache. Mit em Resultat, dass si vil gföplet worde n isch. Au scho sönd bi erem Handwägeli d Rädli zämmebonde worde. Wenn si het wöle aafaare, het s klemmt. Dene Chend, wo mit ere aaschtändig gse sönd, isch si au mit Aschtand begegnet. Nüd oogern isch si mit ene is Plaudere choo, het s gfrööged, öb s scho Französisch heied. Da sei wichtig. Si sei au scho z Paris gse. «Booschuur! Fermee la port! Eggsgüsee moa.» Jo ho! Si hei nüd alls vergesse, d Urnäscher wöred no schtuune. D Emme Nabulon isch tatsächlich i de Juged e halb Joor Aupair-Meetel z Paris gse. Mit dere Famili isch si sogär i d Ferie as Meer. Leider het d Emme früezitig wider möse hee, will d Eltere eri Hilf bruucht hönd.

Vo de Mobilmachig vom 2. September 1939 het si verzellt. Da sei e Ufregig gse öberall. D Lüüt heied jo nüd gwösst, was of s zuechäm, ond d Soldate, wo heied möse iirocke, au nüd. Ganz en huufe Poschtauto seied im «Anker» henne gschtande, om d Manne ufzlade. Vili heied öbers Militärgwand Meelseck aagläät oder sös zo Vorsorg Meelseck mitgnoo als Schutz gege Rege ond Schnee. Au das es vom Rossfall bis i d Zörchersmöli emol en See kaa hei, isch e Lieblingsthema gse. Zerscht en Gletscher ond denn en See. Da chöm wider zrogg. Aber weleweg erscht lang noch em Weltondergang. De seb sei im Joor 2000, ond da sei erber näbe. «Denn ligged dotzedwiis Ärm ond Grend ommenand.» Das di seb Prophezeiig nüd iitroffe isch, het d Huenze n Emme nomme erlebt. Si isch im Joor 1998 gschtorbe.

D Emme Nabulon isch i erem Huus am hütige Roseweg, wo scho d Eltere ond Grosseltere dehem gse sönd, ufgwachse. De Vater het z Urnäsch d Darlehenskasse gfüert, so het die Bank dozmol ghäässe, hüt häässt si Raiffisebank. Ond wie s doozmol Bruuch gse isch, sönd die Bankgschäftli oder d Iizaalige vo de Schparbüechli bimene Puur, eme Schuemacher oder sös näbertem, wo guet het chöne Buech füere ond rechne, i de Schtobe inne abghandlet worde. D Emme isch stolz gse of eren Vater. Di schönscht Schreft wiitomme het er kaa. D

Muetter het erni Schue mit Schmotz ond e chli Ruess gsalbet, da isch die billigscht Lederpfleg gse.

Woorschinli het d Emme scho früe glernt, of de Rappe z luege. Kenn Föfer isch oonötig oss ere Hand. Gleischted het si sich fascht nütz. Was si sich aber wered vilne Joore jede Früelig gonned het, isch e Wiikur gse. Mit em Handwägeli isch si chorz vorher amel i d Landi, zwee Harass Wii go hole, sicher nüd vom tüüre. Amene Gläsli Roote oder zwää isch si s Joor dör nüd abgneigt gse, för di seb Kur aber het si Wiisse pruucht. Jede Morge en Liter, zwoo Woche lang als Medizin. Da geb Chraft i d Bee.

Mengs Joor lang het si en Aug kaa of en Puur, wo gege d Egg ue dehem gse isch. Flissig isch si drom mit em Handwägeli d Eggschtross uuf in Wald go Holz hole. Aber de Chuedli het efech nüd wöle aabisse. Anschiinend het em e Jüngeri besser gfalle. Di säb isch sini Frau worde, ond d Emme isch halt elee blebe.

Werche het si chöne, mit de Obrigkeit isch si all am Schtriite gse. Wo d Schtross vom Dorf gege s Tal hendere usbaut worde isch, het si möse e Schtock vo ere Wees abtrete. Drom isch s Boort zo ere Heemet abe gecher worde. Scho da isch fö si schlimm gnueg gse. Wered de Bauerei sönd all Schtee ond Gröll i eres Land abedroolet. Ond d Leerer vom Schuelhuus Mettle hönd wered de Pause nütz Bessers z tue gwösst, als a eren Hag anezleene. No will s vom Trottoar uus de Pauseplatz besser im Aug kaa hönd. Ond wer het de Hag wider möse flicke? Joo! Truurig, aber woor, dass die gschiide Lüüt so näbis nüd emol merked! D Huenze n Emme het ene zerscht möse verbüüte, an Hag anezleene. Eigentlich het d Gmend ere de Bode scho lang gern abkauft. Aber da wär jo no! E so e n Asinne! Die spinned jo!

Denn isch au no die Gschicht weg de AHV gse. Da Geld ghöri nüd ere, si wöll s nüd. Si bring si scho selber döre. Mäned die, si sei armegnössig oder bruuchi Almose? Si het sich gweigeret, d Uuszahlig aznee. Dene z Bern obe söt mer allne mol Schümmel ond Blääs säge weg dem Geld, wo s all vetäälet ond vertommet. S wär gschider, die wöred au wider emol lerne huuse! Deregi Sorte Lüüt het s im Appezellerland no mee kaa. S het för die en Usdrock ge: «Hä! wa meenscht enard?» Mit andere Wort, si heiet ebe no s Födle kaa zom Aneschtoo. De Emme het me derigs nüd möse lerne. Die äägelig Persoo hönd s of de Gmendsverwaltig kennt. Allpot isch si z Gascht gse. Emol het si i ennere Täubi im Büro inne eri Schooss abzoge ond in Egge iegworfe. En anders Mol het de Gmendschriiber scho Angscht kaa, si jocki öber de Tisch us em an Chopf.

D Frau vom Schriiner Kürschteener het emol e Fenschter, wo d Emme zom Flicke ge het, wöle zroggbringe. Wo si i de Nöchi vom Huus isch, ghört si en äsige Krach. Do isch meeni wacker gschtrette worde. E luuti Schtimm het ali Schlöterlig uställt, wo mer sich cha vorschtelle. «Eer nützigs, truurigs ond verloges Pack. Wartet no, eer chönd no näbis erlebe. I wäss scho, wa n i mache mos. E dereweg got me nüd mit aaschtendige Lüüt om. Da chönd er mer globe.» Die Frau het e betzli glosed. De Lärm isch os de Schtobe cho. «Hönd er s verschtande?» E Fuscht het chräftig öber de Tisch abeghaue. «Rue! I will nütz me ghöre. Ke fuuli Usrede! Eer bschessne Hönd.» E Tör isch chräftig zuegschletzt worde. Zmol isch es müüslischtill gsee. D Schriinersfrau het sich öberläät, öb si schtill abschliiche ond s Fenschter wider heenee söll. Noch eme Wiili warte het si sich aber doch bemerkbar gmacht, het a d Huustöör aneklöpflet. D Emme isch mit eme zfredne Gsicht usechoo. Nütz för ooguet das es vorig e chli luut gse sei. Si geng ebe morn of Gmend. Si hei gad no e chliini Hoptprob gmacht.

Wo e Verwandti ghüroted het, isch d Huenze n Emme mit ere riisige Schale voll Margritli go gratuliere. E so lieb ond ufmerksam isch si denn au wider gse. Als Chöchi moss si i ere Juged i verschidene Hotel gschaffed haa. Au schpöter isch si z

Urnäsch no mengs Joor a de Wienacht i ne Privathuus go choche, aber o no lang i d Wertschafte go botze. Ase flingg ond blitzsuuber wie sii hei niemer botzt. Si selber schiint si efach vergesse z haa.

Si isch scho erbe elter gse, wo si ame Wentertag wered em Iifüüre ommkeit ond liggeblebe isch. D Noochpuure sönd go luege, will s Liecht d Nacht döör brennt het. Onderchüelt isch d Emme in Schpitol proocht ond zerscht emol i d Badwanne iegschteckt worde. Schpöter het si verzellt, si hei scho gmerkt, werom si drü Schtond lang hei möse i de Badwanne hocke. Nüd no will si chalt kaa hei. Si heied si möse iiwääche. Noch Joore isch au eren Chopf wider emol gwäsche worde. Si isch, nochdem ale Dreck dosse gse isch, mit wiisse Hoor hee. Debii hei si sich ase Müe ge z luege, het si verzellt, das si di dunkel Hoorfarb nüd verlüüri, wo si aagfange hei graue. Si het welleweg dromm so ganz äägelig gschmeckt.

Im Schpitol het s ghäässe, si hei Zocker. So en Blödsinn! Zocker geb s no weg de Creemschnette, ond asegi hei si scho ewigs lang nomme gesse. Lang het si sich gweert, bis si parat gse isch, d Schpitex is Huus iezloo. S Vertraue i d Lüüt isch nüd ase gross gsee.

S Lebe lang het si a schwarzi Magie globt ond memmol Angscht kaa, es chönnt si näbert plooge. Au het si bhoptet, si merki s voruus, wenn im Dorf näbert schterbi. S geb denn bald wider e Liich! Memmol het si Recht kaa, memmol halt ebe nüd.

Im Alter het si Schtimme ghört. D Chüe vo erem Pächter, wo de Wenter dör bi ere im Schtall gschtande sönd, heget ere danke gsäd. Am Wienachtsobed hönd s «Stille Nacht» gsunge. D Chräijä, wo vo ere all Tag gfuetteret worde sönd, hönd mit ere gschwätzt, ond au d Schproch vo de Chatze het si verschtande. Wo emol näbert vo ere näbis het wöle wösse, het si zor Antwort ge, si chön s no nüd gad säge, si mös zerscht de Vater fröge. Aber da sei ke Sach. Eres Telefo geng direkt in Himmel ue.

Bim Huus-Rumme hönd di Verwandte im Schloff obe en Chöbel voll Äsche gfonde mit e chli dreckige Stoffreschtli ond Papierfetzli dren. Vedööchtig schwär isch er gse, dromm hönd s de Chöbel samt Inhalt zom Glück nüd gad sofort zom Entsorge i d Mulde gworfe. E ganzi Schwetti vo Föfliber ond Geldschii sönd vörecho! S het ghässe, s handli sich om e fööfschtellegi Zahl.

D Teller-Eva

Teller häässt s of em Weg, wo s i d Blattetüerre uegot. Me vezellt, di seb Heemet sei emol wered enere Hungersnot för en Teller Soppe ghandlet worde. Öb s woor isch, wääss niemmer, aber Hungersnöt het s z Urnäsch mengi gee, nüd no di gross vor zwäähondert Joore, wo s de Sommer dör drissgmol abegschneit het ond en Drettel vo de Lüüt im Appezellerland gschtorbe sönd. Au de Chüechliberg of de andere Talsiite hei näbis mit Esse ond de Hungersnot z tue.

Vilicht isch de Name Teller-Eva au mit eme Hüngerli zemeghanget, aber mit eme andere als dem, wo mit eme Schtock Brot cha zfredegeschtellt werde. S isch en schöne Obed gse, ond ken Mensch onderwegs. No en Puur isch sim Vech noe. S het scho dunklet, do gsiet er, wie bim grosse Bronne im Teller, wo sös d Chüe suufet, e jungi Frau, vo Chopf bis Fuess baare Födle, is Wasser ieschtiigt ond badet. So näbis het de heimlech Zueschauer no nie gsee. Schplitternackt wie d Eva im Paradiis!

No am gliiche Obed isch i de Wertschafte im Tal öber da Schauschpiil brichtet worde. Ond vo do a het mer de Frau vom Gopfriid Chnöpfel no no Teller-Eva gsäät. E resoluti isch si gse mit Hoor of de Zee. Si het si guet chöne weere.

Wo si schpöter im Bindli onne dehem gse isch, het en Liichezoog möse a erem Huus vorbii. D Sonn het brennt, d Lüüt hönd pressiert, will s Heuwetter gse isch. En Maa het en

Schwindel öbercho ond isch omgheit. D Teller-Eve hei em en Chrüüter onder d Nase ghebet: «Suuf, oder het s di scho potzt? Wenn dee magsch verliide, denn chonsch no emol devoo!»
Wo eren Maa emol of de Gmend het söle e Formular usfölle, isch au de Name vo siner Frau verlangt worde. «Äh, äh! Wie hässt si den au wider?» «Denk Eva», het de Gmendsschriiber gsäd. «Ebe nüd, ebe nüd, me sät ere no e so!» Ond de Maa vo de Teller-Eve het aagfange schtudiere, bis em de richtig Vorname vo siiner Frau doch no in Sii cho isch: Emma!

S Frölein Chrüsi

Ganzi Generazione vo Meetle sönd prägt worde vo de Emma Krüsi, wo wered Joorzeent d Nääijschuel vo Urnäsch dominiert het. Eres Wort het golte, aber nüd no i erem Schuelzimmer. Ken Leerer het gege si möge koo. Wer sech getraut het, ere näbis entgegezsetze, isch abkanzlet worde.

Eren Unterricht het si im Erdgschoss vom Schuelhuus Mettle ge. Zo gwösse Ziite hönd Soldate of em Pauseplatz vor erem Fenschter möse exerziere. Hantli het den amel s Frölein Chrüsi d Vorhäng zoge. D Meetle sölled nüd abglenkt werde. Sicher nüd vome Mannevolch.

D Buebe hönd dozmool no ke Zuegang kaa zom Handärbetsunterricht. En Bueb het ase gern lisme glernt. Bi andere Handärbetsleererinne isch er memmol a Tör go chlöpfle oder dörs Fenschter iegschtege ond het sich so s Lisme biiprocht. Nüd so bi de Chrüsi oder de Chrusle, wie s ere au gsät hönd. Wenn e Pörschtli no dör d Schiibe iegluegget het, en scharfe Blick vo de Chrüsi, ond alls isch veschtobe. E so dominant isch si gse. Me het fascht chöne säge, en General sei en Dreck degege. Ond söll näbert no bhopte, d Fraue heied dozmool nütz z säge kaa.

Wa d Chrüsi gsäät het, da het golte wiit ober d Schuelschtobe us, ond da isch vilne Schüelerinne s ganz Lebe lang noegange. «Exakt schaffe, nüd pfusche!» För die, wo da nüd beherziget hönd oder efach nüd hönd chöne, sei s, will s e oogschickti Hand kaa hönd oder vilicht au nüd e so guet gseä hönd, sönd d Schtonde i de Ärbetsschuel e Qual gse. Zvorderscht hönd s möse hocke, schtreng beufsichtiget vo de kritische Blick vo de Chrüsi. S het Meetle ge, wo gschwitzt hönd vor Angscht, ond wie s denn isch: Denn lauft erscht recht alls chromm. D Finger sönd verchrampft, d Wolle of de Noodle rootscht nüd, ond s get en Fääler noch em andere. I derige Situatione isch s Frölein Chrüsi uusgraschtet ond het e Gwitter losloo. Si het chöne i de Verröckti alls, wa of em Tisch gse isch, mit de Ellböge verschpicke: d Nääijschatule, s Nääijchösseli, e n offes Schächteli mit Glofe. Si het oofertegi Ärbete of de Bode abegworfe, memmol zom Fenschter us.

Emol isch e Lismete ame Nagel obe a de Decki hangeblebe, wa d Situation verschlimmeret het. Natürli het da arm Meetli au no söle tschold se. Werom hönd s nüd schöner gschaffet? Wövil Schimpftirade sönd losgange wege chliine Fäälerli? Wie memmol sönd Lismete ommegfloge! Meischtens het d Chrüsi vorher i erne Wuet d Noodle no usezoge. Da het erscht recht en Dörenand gee. Die Meetle hönd erni Ärbete wider möse zemelese, ond si hönd erscht no schtondelang bruucht, bis jedi Masche wider am rechte Ort gse isch. Es sönd doch memmol Träne gflosse.

Bim Nääije hönd di gliiche Regle golte, ond di resolut Leereri het d Schüelerinne mit erne Exaktheit ond erne Vorschrefte chöne s Föörche lerne: Fäde zelle, z Fade schloo, «lange Fädchen, faule Mädchen», flicke, Bletz iisetze, för d Versebreiti gilt d Regle: «Die Hälfte der Maschenzahl weniger zwei», sönd schtrenger als bibleschi Woorheite gse. Imene extra Heft hönd d Schüelerinne möse e Chrüzli für jedes Fäälerli mache.

Au scho het s Frölein Chrüsi e Meetel, wo nüd guet het chöne schtillhocke, as Schtuelbee anebonde, ond all wider het si Schüelerinne mit enere Glofe gschtoche, wenn s nüd pariert hönd. Em schwirigschte hönd s die kaa, wo d Muetter scho oogern i d Nääijschuel gange isch. De Schtempfel isch dene scho vo Aafang a ufdrockt worde. Ond au wenn s fliissig ond gschickt gse sönd, het s vil bruucht, bis akzeptiert worde sönd. Im Allgemeine isch es e so gsee, dass die, wo i de Handsgi guet gse sönd, nütz hönd möse förche. Mengi Meetel het schpöter mit Schniidere eres Geld verdienet ond debi mit Hochachtig as Frölein Chrüsi denkt. Exakt schaffe! Da isch dozmool e Wort ond en Wert gse. Wie de Aaschtand au, ond was sich ghört för e aagehendi Frau: e Schooss träge! Ohni Schooss het niemert möse is Schuelzimmer ie. Ond scho gär nüd mit derige neumödige Hose. Zo dem Thema hönd d Pfärrer gad au no näbis z säge kaa. Si hönd de Meetle zom Tääl bis i d Föfzgerjoor vebotte, mit Hose i d Cherche z choo. Sogär im tüüfschte Wenter hetet s möse en Rock aalegge. Da het bedüütet, dass es ene, trotz dicke Schtrömpf, de Schnee a di blotte Oberschenkel bloose het. Dank Schii ond Schiihose het si da Vebot e chli glockered, ond dank e paar Vättere, wo de Muet kaa hönd, sich för erni Meetle iizsetze.

I de Nääijschuele aber isch es all no Pflicht gse, e so wollegi Schtrömpf z lisme ond en Onderrock oder Onderhose z nääije. Eeni, wo bim Frölein Chrüsi all zo de Vorderschte ghört het, isch d Dora vom Tüüfeberg obenabe gse. Emol hönd s i erner Klass i de Sekundarschuel möse en Schüpp ond Onderhose entwörfe ond nääije. Jechteroo, hönd do d Fraue-Onderhose no uusgsee! Gummizögli hönd s kaa om d Oberschenkel omme, ond die Onderhose sönd fascht bis zo de Chnüü abe gange. Au d Röck hönd möse d Wade decke. De Dora aber het da nüd gfalle. Mit vil Muet isch si as Werch. Si het e Päärli Sonntigshose vom Vater uftrennt ond im Mercerielädeli bi Büechis of de ene Schtrossesiite vo de Garasch Blaas en Brocke

Kunschtsiide kauft. Ond wo si eres Werk het möse vorfüere, isch ere de Schüpp os em Stoff vom Vater sine Sonntigshose knapp bis i d Chnüü gange. Ond d Onderhose! Biiti au! Die sönd ganz chorz gse, bim Schpickel schreg gschnette ond exakt aaligend. S Frölein Chrüsi het fascht de Schlaag troffe. «Schäm di in Grondsbode n ie», het si mit eme rote Chopf gruefe. «Wenn du nüd Dora Frehner wörisch häässe, wör i der gad alls verropfe!» Droff abe het d Nääijschuelleereri doch en lange ond anerchennende Blick of die exakt gnääijt Ärbet gworfe.

S Frölein Chrüsi het mit erne Fründin, em Anneli Bodemaa, zemmeglebt. Di seb sei d Fründlichkeit ond d Liebi selber gse. Per Du isch d Chrüsi sös praktisch mit niemertem gse. Da het sich doozmol ghört. Noch de Konfirmatio het me de Porschte ond Meetle aagfange «Sii» säge. Efachi Lüüt ond Puure hönd anderi Regle kaa. S het au Wörter gee, wo nüd is Woggabulär vo de Bessere ghört hönd. E Schüeleri hei emol e Förzli abloo, ond hei dezue gment: «Jedes Böönli get e Töönli.» Si hei gad zo Tör us möse.

Am achzigschte Geburtstag het s Frölein Chrüsi enere ehemolige Schüeleri, wo ere als Präsidenti vom Turnverein isch go gratuliere, s Du aaträge. E Wonder! Weered vilne Joor het d Chrüsi d Fraueriige gleitet. Mit em Iichere noch em Turne isch aber bi ere nüz gse. No lang noch dem si nomme Leiteri gse isch, het d Fraueriige de Bruuch biibhalte: Noch em Turne isch mer sofort hee, ond fertig!

Vo Schtrosseförber ond Chemifeger

De Blaari Alder ond de Langhanes

Blaari Alder! Di ene hönd gment, me säg em e so, will sini lischtige blaue n Äugli allewill e chli tränlet hönd. Aber seb het sicher en andere Grond kaa. S isch entweder d Chelti oder de Loft gse, dezue au no de Alkohol, am eenschte aber alls mitenand, wo tschold gse isch, dass em s Augewasser all zvorderscht gschtande n isch. Er het no näbe e schös Zäuerli möse ghöre oder de Klang vo n ere Senntumschelle, ond scho het s em aagfange, d Bagge ablaufe.

De Schtrosseförber Jakob Alder het scho als Bueb de Öbername Blaari kaa. Er isch im Ruppe ufgwachse, sini Eltere hönd dei puuret, ond nebezue, wie s dozmool Bruuch gse isch, e paar Henne kaa. «Sü hönd hene ond vorne Auge», het me vo so Lüüt gsäd. S het memmol erbe lang gweeret, bis denoe een, wo nüd Appezeller Dialekt geschwätzt het, noecho isch. Nei, nüd henne am Chopf hönd s s no emol e paar Auge. Si hönd Henne, wo Eier legged, ond am Chopf vorne Auge. Da isch en Uusdrock, wo me nüd cha off Schrefttütsch öbersetze ond sogär chum of en andere Dialekt. De Schproch chennt chum mee näbert. S hönd au nomme vil Lüüt Henne.

Ond will ebe Alders Henne kaa hönd, het de Jakob als Bueb amel möse go Eier verträäge. Bis is Dorf vöre isch da gad e chli en Weg gse. Eierkartön het s doozmool no ke kaa. Das s nüd verschlöönd, het me vilfach jedes einzel i Ziitigspapier iipackt, oder au zwää ond zwää in e Tüechli iigwicklet ond in Chorb iegläät. Wo denn de Jakob e chli grösser worde isch, het er d Eier mit em Velo ommetue. Ond wie s halt memmol goot, het er of em Weg e paar ander Buebe troffe. D Taler ond d Dörfler sönd si nüd all ees gse mitenand ond hönd gern gschtrette. Die Pörschtli hönd enand päckled, ond een het am Jakob sis Velo ommgworfe. «Halt, d Eier!», het er weleweg scho gruefe, aber s isch z schpoot gse. De ganz Chorb, wo n er of em Packträger feschtbonde het, isch an Bode abegheit. Mit Wuet ond Verzwiiflig het er sini Waar zemeglese. Niemert het em gholfe. Die Schnöderlig sönd gad verschwunde. De Jakob het onder siibe Flüech s Velo heegschtosse. Fascht de ganz Bueb isch mit Eier veschmiert gse. D Hend ond s Gsicht hönd schuuli uusgsee, will er doch sini Trääne mit de Füüscht ond mit em Eermel het möse abpotze. De ganz Heeweg hei er plaaret weg de kaputte Eier. Weleweg het er au Angscht kaa, er weeri aagschnoored oder gär de Arsch wer em no versolet. E so isch of jede Fall die Gschicht vezellt worde. Vo do aa isch er de Blaari Alder gsee ond blebe. Er het zwor all e chli schreeg dreegluget, wenn föfzg Joor schpöter e paar Goofe of de Schtross «Grüezi, Herr Blaari Alder» gsäät hönd. Nüd wegem Blaari, aber wegem Herr. De Herr isch im Himmel!

Näbis het de Schtrosseförber Alder chöne, wo n em nüd gad näbert noegmacht het. Er het chöne mit sim grosse Bese d Schtross förbe, di ander Hand im Sack bhalte, s Lendauerli im Muul ha ond glich sim Ärbetskolleg, em Langhanes, näbis zuerüefe. Wenn s guet gange isch, het er dezue no mit em ganze Gsicht gschtraalet. Ooni s Lendauerli het me si de Blaari Alder gär nüd chöne vorstelle. Das er s nüd zom Esse ond zom Schloofe ono zwüsched sim schwarze Zaareche kaa het, isch gad alles gse. Ne nei, brennt het s lang nüd all. Vilfach isch s verchaltet gse, ond denn het s fascht e halbs Schächteli Hölzli bruucht, bis die Piife endlech wider brennt het. Wie n e Ritual het er s ghebet, schützend di hool Hand ober de gföllt Pfiifechopf gläd, sorgfältig s brennend Zöndhölzli aneghäbet ond langsam ond sorgfältig zoge, bis os de Pfiife s Räuchli gschtege n isch.

Er sei scho en Suuhond gsee, het e Nochpüüri verzellt. Ond wie de ommeglaufe sei! Söcke hei er selte aakaa, devör d Schue mit Ziitigsfetzli gfüetteret. Aafangs vo de 1960er-Joor het no sini Muetter bi em gwoont. Si het nomme chöne laufe, aber de Jakob het si pflegt, wemmer dem pflege cha säge. Am Morge het er iigfüüret ond s Esse is Oferöörli iegschtellt. Nee, früüre het d Muetter sicher nüd möse. Drissg Grad het s i de Schtobe inne sicher kaa ond memmol au denoe e bsonders Gschmäckli. Öpe fööf Chatze sönd bi Alders allewil ii ond uus. Di ee oder di ander het of em Kanapee, wo d Muetter amel glege isch, gjüngled. Memmol het de Blaari Alder denn efach wider emol e Chatz gmetzget ond koched. Choche het er guet chöne. Jedi Woche het de Metzger Fleisch proocht. Da isch aber nie in neue Chüelschrank, wo de Jakob extra kauft het, iegschtellt worde. De seb isch bis ue voll gse mit Konserveböchse. Devör sönd d Essesreschte ond d Wörscht i de Tischzüche inne glege. All Farbe vo grau, grüe ond orange hönd s noch Uussag vo de Nochpüüri, wo memmol noch de alte Frau glueged het, kaa. D Servela seied memmol fascht vom elee useglauffe. Aber ebe, noch neuschte Erkenntnis seied Made jo gsond. De Blaari Alder isch nie chrank worde. Emol, d Muetter het scho nomme glebt, isch em e Chatz öberfaare worde. Nochdem si fascht en Tag lang am Schtrosserand glege isch, het si de Blaari gfonde. Er het si uuszoge, in Pfeffer gläd, ond noch e paar Täg koched ond gesse. Er moss en oosinnig gsonde Mage kaa ha.

Wo d Kanalisazio cho isch, het sich de Jakob Alder e neus WC kauft. Aber da isch all veschtopft gsee weg dem vile Ziitigspapier, wo n er iegworfe het. Er isch nüd de enzige gsee, wo Müe kaa het met de Ommschtellig vo de Papiersorte. S Geld het no meng ander au graue. Wa söll me tüürs WC-Papier go chaufe, wenn mer alti Ziitige het chöne vegebe ha? Aber ees möss si säge, het d Noochpüüri gsäät: En Guete sei de Jakob gsee, ond er het nie näbertem näbis Böses tue oder näbis Schlechts aagwünscht.

I junge Joore isch er au go chlause, meischtens elee als Bettelchlaus. Zaured het er selber nüd. Er het lieber glosed, ond er het vezellt, sini Schelle heied e so en schöne Klang, dass d Lüüt, no scho wenn si s ghöred, vor Freud mösed blaare. Er het mee als ee Schpiil bsonders schöni Schelle kaa. Memmol het er deheem i sim Schtöbli ganz för sich elee d Schelle gschöttet. E so het er au i schpöötere Joore, baare Füess, mit em Lendauerli im Muul, de Wienachtsobed gfiiret. Au scho het er de Langhanes iiglade. Da het e Bildli gee mit dene zweene: de Blaari Alder ond de Langhannes, wo uusgsee het wie en guetmüetige Bär, fascht zwee Chöpf grösser als sin Kolleg.

De Langhanes isch au en Ledige gsee. Im Gegesatz zom Blaari Alder hett er schuuli gern en Schatz oder e leiigs Fräuli kaa. Wa dee ees Liebesbriefli verschickt het, ond doch isch er bi kenere zom Ziil cho. Er sei öppe nüd arm, het er emol zo enere gsäd, er hei ganz e schös Gschpiil Senntumsschelle öber em Bett hange. Wo de Theres de Maa gschtorbe isch noch langem Liide, het de Hanes de frische Wettfrau mit eme Truurchärtli s Biilääd kundtue. Ofs gliich Chärtli mit eme liebe Gruess het er ere aber, gad pätsch, au en Hürootsaatrag gmacht. Er het sicher denkt, jetz sei er früe gnueg dra. Aber oha! D Theres het scho mit eme andere gliebäuglet. Bald droff abe het si de Gässbock-Schmed vo de Gass ghüroote. S isch nüd lang gange, ond scho het me si im ganze Dorf gad no onder em Name Frau Gässbock-Schmed kennt. Ond de Hanes het wiiter noch ere Frau ommeglueged ond nie eeni gfonde. Di enzig Chance, wo n er kaa het, die het er vetommet, ond da isch e so gange: Er isch emol ame Obed of em Weg in Ruppe hendere de Dameriige verkoo. Wo die junge Fraue en gsee hönd, het eeni vo ene gruefe: «Hoi, Hanes, jetz hesch Glück! Chasch gad e Frau uuslese!» De Hanes isch z Tod verchlopft, isch veschprunge ond het sich im nöchschte Schtall im e Heuhuufe inne vechroche. Wie lang er i sim Veschteck blebe isch, ond wie fescht sis Herz klopfed het, da isch niemert inne worde. Ond de Trom von ere liebe Frau isch wiitergange. «Bin allein, habe niemand» het mengs Briefli aagfange. Ond glich het er ase zfrede uusgsee.

Wa viil Lüüt nüd gwösst hönd, de Jakob Alder isch i junge Joore emol z Afrika gse. E langs wisses Gwand, wie s dei trääged, het er heeproocht. Ond mit dem isch er schtolz ommeglaufe. Aber d Urnäscher hönd en uusglachet ond mit Finger of en zääget. Wüetig het er da Gwand deheem wider abzoge ond i hondert Schtöckli veropft.

Zom Bsitz vom Blaari Alder het e Prunkschtock vo m e alte gmoolete Chaschte ghört. En Erbschtock vo sinere Muetter, en echte Schtarch-Chaschte vom bekannte Appezeller Moler Conrad Schtark. En Kunschthändler isch of en ufmerksam worde ond het dem efache Maa zeetuusig Franke bote. Wenn s dem so vil wert isch, denn isch er s mer au, het de Blaari denkt ond het de Altertumshändler e chli zabble loo. D Gschicht vom Chaschte het sich erbe schnell omegschproche. Au ander Lüüt hönd si om da wertvoll Möbelschtock bemüet. De Priis isch bald of drissgtuusig uegschtege. Aber da pfiffig Mandli het scho gwösst, dass er, solang er de Chaschte het, e gfrögeti Persoo isch. Vorneemi Lüüt hönd aagfange, mit em dieschgeriere. Allpot het er Bsuech öberchoo vo näbertem, wo em näbes e Gschenkli procht het. Mee as ee Frau het em ordeli ghöfeled. Da het em gfalle, ond er het au gern allne mit grossem Schtolz de Chaschte zääget. Öb er enard nie Angscht hei, er chönnt em gschtole werde, het mer en gfrööget. «Tomms Züüg», het er gment. Er hei de ganz Chaschte gföllt mit Altpapier, ond da mösst denn zerscht emol en uusruume ond oss em Weg tue, bis er mit dem Möbel chönnt devoo. Bis denn wär eer lengschtens au scho omme.

De Blaari het schö gwösst, wa mit dem Chaschte emol söll passiere. D Grönder vom Museum, de Dorfarzt Walter Irniger ond de Hans Hürlemaa, hönd en chöne öberzüüge, dass e so e wertvolls Schtock de Gmend söll erhaltebliibe. So het de Jakob Alder en Vetrag gmacht. S Urnäscher Bruuchtumsmuseum het de Chaschte noch sim Tod chöne erwerbe. Do schtoot er hüt no ond häässt, wie chönt s au andersch see, de Blaari-Chaschte.

De Schtrosseförber Frehner
ond de Zäbi Alder

D Schtrosseförber hönd si dozmol no chöne Ziit nee, wenn s privat för e Käfeli iiglade worde sönd. De Loo hönd s all Woche öbercho ond zwor no direkt os de Hand vo m ene extra Beufträgte. Emol isch im «Säntisblick» i de Zörchersmöli de Schtrosseförber Frehner ghocked. De Nääijmaschine- ond Veloflicker Schoop vo Herisau het mit enner Begeischterig vo sim neue Bernhardiner vezellt, wo n er grad vom Grosse Sankt Bernhard abeproocht het. «E Prachtstier isch da, ond en Grend het dee!» De Frehner het e Wiili glosed ond het denn i siinere langsame Art gfrööged: «Het er recht Pfoote?» – «Wa globsch denn?», het de Schoop gsäd, «deregi Pfoote!» Do het de Schtrosseförber Frehner troche gment: «Aber zwee lenggi Pfoote het er sicher au!» E so giftig ommegee, da hönd so efachi Lüüt erschtuunlech guet chöne.

Bi de Schtross gschafft het au de Zäbi Alder. Nüd z Urnäsch, aber z Herisau. E schös Hüsli nebed em Schuelhüsli im Tal het eem ghört, wo n er deheem gsee isch ond au Wonige vemietet het. Jede Morge isch er i d «Sonne» go iichere ond het drüü Sache bschtellt: en Römer (2 dl Roote) oder e Tschumpeli (1 dl Roote), en Pfeffermönztee ond en Kafischnaps. De Schnaps för de Kafi het er met wenige Uusnaame öberalhee selber mitproocht. «Hi, hii», het er glached, ommeglueged ond os em Tschoopetäschli en Flachmaa usezoge. «Gsiet s niemer, gsiet s niemer, hi, hii!», ond het sich iigschenkt. Em

Fiirobed isch er meischtens im «Säntisblick» ghocked. Au do het er all drüü Sache zmol of em Tisch kaa. Mengmol e Bier oder Wii, e Süesswasser ond sin Kafi. Emol sönd s em go rüefe, es brenni bi em im Huus. S isch au woor gsee. So schnell isch de Zäbi no nie vom Werthuustisch ufgjockt. «Ond i ha s Geld no onder de Bettdecki!» Er het gern e chli ghändelet. Emol isch e Altwaare-Sammleri cho ond gsiet bi em e schöni gmoleti Porzellanschössle. «Die wör mer no gfalle», het si gsäd ond de Deckel glopft. S het si fascht öberchert. Die well si nüd! E so grüüsig! Si het d Schössle weggschtosse. Voll mit alte Bess isch si gse. Si seied no ali vom Vater, vom alte Totegräber, wo s gsammlet hei, het de Zäbi gment. Ond er chön denn no öppenemol ees vechaufe! Die seied no gfrööget. S isch no i de Joore om d Joorhondertwendi Mode gsee, as d Konfirmandemeetle, sicher aber d Fraue vor em Hüroote, e künschtlechs Bess öbercho hönd. S Problem vo kaputte Zee, vo Zaawee ond de Rechnige vom Zaanarzt, isch e so em ringschte glöst worde.

Jo, die Schtrosseföber. S get nomol e Gschichtli, wo me so vezellt: Ganz früener isch jo de Fredhof bi de Cherche gsee ond nüd wie hüt im Chrobach osse. Wo emol Ombauärbete gmacht worde sönd bim Pfarrhuus, sönd Skelett vörechoo. De Schtrossemeischter, me säd, es sei de Hohle Dölf gsee, hei, of d Schufle gschtötzt, lang of die Chnoche glueged, ond denn of en Schädel zääged ond gsäd: «Em Grend aa isch säb en Frick!» Dee Uusdrock isch zom e gflöglete Wort worde. «Em Grend aa isch en Frick» säd no öppe en, wo de Hendergrond nüd emol me wääss.

D Chemifegere Fässler ond Chnöpfel

S isch doch amel e schös Luege gsee, wenn de Chemifeger mit de Läätere of em Boggel ond em Bese am Arm dör de Schnee gschtapfed isch. S het uusgsee wie e Neujoorschärtli, wo d Briefträger oms Neujoor omme biigewiis hönd möse veträäge. Meischtens isch nüd vil mee als en Name ond en Gruess of dene Chärtli gschtande, ond glich hönd s em Empfänger möse proocht werde, au wenn er im letschte Chrache obe deheem gse isch. Nüd no d Briefträger, au d Chemifeger hönd z Fuess möse zo de abglegne Puurehüser ond zo de Alphötte, will au die vorschreftsgmääss d Chemmi hönd möse ruesse.

Wenn de Chemifeger Fässler, wo i de Mettle dehem gse isch, i d Höchalp ue isch go ruesse, het er en ganze Tag bruucht. Meischtens het er denn dobe im Masselager gschlofe ond isch am andere Morge in Chenner, in Schpiicher oder in Schtöblinecker abe. De Armin Fässler erinneret sich, das er als Bueb mit sim Grossvater e paar Mol mit isch of die seb Tuur ond das er sogär s Läterli träge het. De Znüni het de Grossvater im e Tüechli iigwicklet im Hoolruum vo sim Zilinder of em Chopf träge. En alte Chemifegerbruuch!

Am Bsuech vom Chemifeger hönd d Lüüt denn am meischte Freud kaa, wenn s Chemi nomme zoge het oder veschtopft gse isch. Sös hönd vilfach d Fraue gsüüfzget, ond die, wo s hönd vemöge, sönd hantli om e Botzeri uus. Alls isch nocher schtaubig gsee. En Schtaubsuger het no chum näbert kaa, ond d Chemifeger hönd ebe wackeri Schpuure henderloo, uusnaamswiis vilicht au emol eeni of de Schoosss vo n ere Magd oder gär vo de Huusfrau. De Chemifegerbsuech isch i de Regel en Tag oder zwee im Vooruus aagmolde worde. D Öfe hönd möse chalt see, ond d Holzherdli, wo di meischte Lüüt no drof koched hönd, au. Da Ommesäge het bim Chemifeger Fässler sini Frau, d Antonna, öbernoo, en Innerrhoderi. Erni Chend, de Migg ond de Ueli, hönd noch altem Bruuch, de n Eltere no möse «Eer» säge. Da isch all no bi gwössne Lüüte Mode gsee, ond isch ursprünglech vo do hercho, will s im föfte Buech Mose bi de zee Gebot häässt: «Ehret Vater und Mutter.» Au sös sönd no lang elteri Lüüt oder asegi, wo me gachtet het, met «Eer» aagschproche worde. Wo Chemifegers elter worde sönd, het de Armin die Ufgoob vom Aamelde öbernoo. D Grossmuetter isch froo gsee ond het erem Grosschend pro Bsuech zee Rappe gee. Bald het denn je lenger wie mee au s Telefon Iizog ghalte im Dorf. S het e paar Fraue kaa, die hönd de Chemifeger Fässler e betzeli gföörcht. I dene Hüser, wo alls e so pötzlet gse isch ond wie gschlecked, hei er nüd oogern no e chli de Bese ommegwirblet. «Die Wiiber sölled au e chli näbes z tue haa!» I de Gschäfter ond i de Wertschafte isch er ganz früe am Morge go ruesse, will die d Öfe bald wider hönd möse aazönde. Im Wenter hönd vil Lüüt planget, bis es noch em Chemiförberbsuech wider warm worde isch im Huus ond gmüetlich. Vorher hönd s weder choche chöne, no hönd s warm Wasser kaa.

De Fässler, ond au schpöter de Chemifeger Chnöpfel, hönd gern am Morge e Schnäpsli serviert öberchoo. De Fässler no e chalts Bier dezue, de Chnöpfel em liebschte no e zweits Schnäpsli. Wenn de seb amel ees z vil vewütscht het, so het da gschwind s ganz Dorf gmerkt. Denn het de Hans Chnöpfel, wie e paar Joor vorher de Fässler, sini ganz Waar, Bese ond Schufle ofs Handwägeli glade. S Auto het möse för e paar Woche oopruuchte deheembliibe.

De Chnöpfel isch mit Liib ond Seel am Chlause ghanget. Wo n er frisch ghüroote gse isch, het de Küenzlis Güscht zom Chnöpfel siner Frau Silvia, de schpöötere Bruuchtumsmooleri, gsäät: «Denn bisch du jetz d Förberi? Mit der wör i au no e Rondi dreie onder em e Täghüffelischtruuch.»

En Auto het de Chemifeger Fässler no kes ka. Sini Liebi het au em Chlause golte. Er isch en vo de Erschte gsee, wo schöni

Huube os Droot gmacht het. Die Huube het er mit Watte omwicklet ond mit Chügeli verziert. Os föf roote Chügeli ond amene grüene het s e Blüemli gee. Sini Grosschend vom Bindli hönd em möse helfe. Ke Wonder het de Armin schpöter e so e gschickti Hand kaa förs Schnitze ond förs Herschtelle vo Chlausegröscht! Dozmool sei s scho e chli e veläädeligi Ärbet gsee för en ond sin Brüeder Migg, het er vezellt. Deför heied s amel zom Abschluss dööre e Pfiife rauche. E grossi Uswaal vo de gröschte bis zor chlinschte Pfiife, mit Keramikchöpf ond au Holzchöpf, sönd i de Schtobe a de Wand bi de Grosseltere ghanget. Nochdem amel de Chemifeger mit luutem Chiibe ond Lärme sich noch de Ärbet im Bad suuber gschrubbet het, isch eitle Frede gsee, ond er het gmüetlech de Reie noe ee Pfiife noch der andere graucht.

Dozmool isch i de Grüenau henne bi Kirchhofers no e höchs Fabrikchemmi gschtande. Zom da Chemmi ruesse, hönd d Chemifeger möse inne ueklettere. De Fässler isch amel obe of de Rand ghocked ond het zaured. Sis äge Zäuerli het er gnoo, wo n er selber komponiert het. S isch hüt no bi allne Silveschterchläus bekannt als «Chemifeger-Fässler-Zäuerli».

Vo Fuermanne ond Ruchwercher

Wald ond Holz sönd för d Urnäscher e wichtegi Iinaamequell gsee. Vil Manne sönd im Wenter go Bömm fälle. Anderi hönd di schöne lange Schtämm mit Ross ond Schlette vom Wald is Tal abegfüert ond i d Sägereie proocht. Ke efachi Ärbet! En ellee het meischtens nüd glanget. Weg ond Schtrosse sönd no nüd e so uusbaut gsee wie hüt. Radschue ond Bremse sönd en wichtige Tääl gsee, aber au s Badieli, en alte Uusdrock för Bouteille – Fläsche, gföllt mit heissem Moscht, het nüd döre fääle. Ond au för di meischte d Backpfiife nüd. E warms Räuchli het, wenn s ase chalt gsee isch, e betzeli s Gsicht gwermt.

Of de Schtross dör Urnäsch döre sönd no nüd so vil Auto gfaare wie hützotags. S isch au z säge, dass no bis i d 1930er-Joore d Schtross im Rossfall ufghört het ond no en Sommweg wiiter i d Schwägalp ue isch.

Em Widebach-Jock sini Frau het gsäd, dass sie als Chend vezelle ghört hei, e faarendi Chesselflickeri, wo Zuekunft hei chöne voruussäge, sei emol of Urnäsch cho. Ond sie hei gsäd, sie gsäch e ganz e grossi brääti Schtross, wo bsonderi Fuerwerch ooni Ross faared bis i d Schwägalp ue. En Auto het sich weleweg do no niemmer chönne vorschtelle. Diä Zigüneri heied s uusglachet ond os em Dorf vejagt. Das deregi Gschichtli vo Generazio zo Generazio wiitervezellt worde sönd, zääged au, dass öber Neuigkeite gschwätzt worde isch.

Of Weg ond Schtrosse het s alewil Gfoore gee. D Chnoche-Berte, si hönd dere Frau ase gsäd, will si gross ond mager gse isch, het vezellt, dass si ame Wenter als guet drüüjöörigs Chend zmetst im Dorf of de Schtross mit eme Chrockli (chline

Schlette) gschtande sei. Da isch nütz Ossergwöönlechs gsee. D Goofe hönd no of de Schtross döre spile. Pfadet worde isch mit Ross oder Ochs ond eme hölzige Pfadschlette. Em sebe Tag het s of de Schtross en schöne, feschtgschtampfete Schnee kaa. Zmol isch e Gschpann Ross mit eme Schlette im Galopp deherchoo, ooni Fuermaa. Dörebrennt! D Lüüt, wo omme gsee sönd, hönd Schrää loo. Reagiere hönd s nomme chöne. De Diechsel isch öber da Chend öbere, wo zwüsche diä beide Ross choo isch. Ond au de Schlette. E paar Sekunde schpöter isch alls vebii gsee. E Wonder! Nüd zom globe! Ganz erschtuunt het da Meeteli ommeglueged. D Chnoche-Berte het gsäd, si mög sich zwor selber no knapp a da Ereignis erinnere, am meischte a d Lüüt, wo alli Schrää loo ond sii nochher i d Arme gnoo heied. Aber s Dorfgschpröch isch es no lang blebe.

D Chnoche-Berte isch mit em Schnaps-Hanes ghürote gsee, em langjöörige Lehrer vom Schuelhuus Tal. Er hei d Taler Buebe nüd möge, hei vil dreegschlage ond au de Meetle Tatze gee ond s a de Hoor gropft. Wenn er amel z wild dree isch ond d Schüeler Schrää loo hönd, isch sini Frau vo de Wonig abe i d Schuelschtobe ie ond het de Maa ond d Goofe wider of de Bode proocht.

Eeni vo de wichtigschte Sägereie z Urnäsch isch die im Bindli obe gsee vo de Famili Ehrbar, de Grosseltere vo de Berte Fässler. Mit erem Maa, emene Junge vom Chemifeger Fässler, em Migg Fässler – er het all gsäd, er sei de Jocke Bueb – het d Berte nebet erne vier Chend de Betrieb gfüert. De Rossschtall isch am Huus aabaue gsee, ond sü hönd all Fuermanne iigschtellt kaa, vor allem de Wenter dör. Die Manne, me het ne au Ruchwercher gsäd, hönd ene s Langholz mit Ross ond Schlette vo de Wälder abe i d Sägerei gfüert.

Die Fuermanne, wo nüd i de Nöchi deheem gsee sönd, hönd im Huus vo de Berte ond em Migg Fässler Choscht ond Loschii kaa. Nüd of ali Fuermanne oder Taglööner het me sich chöne veloo. S het asegi gee, wo gär ke Velass gse isch, ond s isch memmol vorchoo, dass der ee oder ander am Mentig efach nüd erschine isch ond Blaue gmacht het. Da het de Migg i Wuet proocht. Denn het er chönne uusrüefe. Er het ofs Holz gwartet, ond di ene sönd ommeghocked oder aatrunke aatraabet. Trinke ond flueche wie en Fueermaa isch ke leers Wort gsee. Vilfach hönd die Manne elee ghuuset, anderi hönd no bi de Muetter glebt. Wenn s im chalte Wetter de ganz Tag verosse gse sönd, hönd s am Obed gern e gmüetlechs Plätzli gsuecht, zomm sich met eme Schnäppsli ufzwerme. För wa hetet s denn söle huuse? Wertschafte het s dozmool z Urnäsch gwöss mee as gnueg kaa.

De Trullalla

En vo dene Fuermanne, de schlagfertig ond witzig Hanes Amme, het de Öbernamme Trullalla kaa. Er isch bekannt gsee, das er all ond öberall s letscht Wort het möse dezuegee. Zom domolige Gmendamme Jakob Schwengeler het er amel gsäd: «Mosch nüd meene, i bi scho lenger Amme als du Hoptme, ond i blib s weleweg au lenger!»

Er isch wiit omme en vo de beschte Rösseler gsee. Aber ebe: S isch memmol vorchoo, das er im Soff im Schtrossegrabe ligge blebe n isch, ond da nüd no im Sommer, nee, au im Wenter. Emol in ere iischalte Nacht isch er gege de Morge all no nüd im Huus gsee. De Fässlers Migg het sich zmol Sorge gmacht ond isch en mit de Schtalllaterne go sueche. Zmol gsiet er e Schpur zom veschneite Meschtschtock. Zwee Schueschpetz lueged use. Ond wo n er gnäuer goot go luege, föndt er de Trullalla. Tüüf het de si in Mescht ie vegrabe ond het gschlofe. Gschtunke hei er, ond s hei erbe vil pruucht, bis er wider suuber gse sei. Er het si nüd emol vecheltet.

En anders Mol het de Trullalla au verosse im Grabe gschloofe. S het gschneit öber Nacht. E so e schöni, wiissi, suuberi Decki hei er no siner Lebtig nie kaa, het er am Morge vezellt.

Er het gern gschwätzt ond gern Bier trunke. Do het en Kolleg zo em gsäd: «Wenn du e Schtond chasch ooni näbis z säge ond ooni Bier ruhig am Wertshuustisch hocke, denn zal der di nöchscht Fläsche.» Er hei s wörkli chönne.

Ame Alte Silveschter isch de Trullalla schtockbsoffe im «Ruppebädli» ghocked. «Pass uf, s isch chalt, wenn d hüt nebedosse landisch, öberlebsch es nüd, denn bisch em Morge vefroore», het de Polizeiufseher zo em gsäd. De Trullalla aber het en Lach useloo: «Jo du säsch! Da wär denn aber au s erscht Mool!»

De Pfändlers Willi

En Fuermaa mit Liib ond Seel isch de Pfändlers Willi gsee. Kaiser het mer em gsäd, Kaiser Wilhelm. Ond wie en Regent isch er all zwää Joor, wenn s Urnäscher Manne-Bloch onderwegs gse isch, vorne of em Bloch gschtande, au doo als Fueermaa, ond het gklepft mit de Gäässle. Da söll em denn no en noemache! S Bloch het em alls bedüüted, ond d Blochgsellschaft isch de enzig Verein gse, wo n er dezueghört het. Am Abrechnigsobed het er ke Blochjumpfere mitproocht, obwohl en da luut Reglement e Töbeli koschtet het.

D Unabhängigkeit het em vil bedüütet. «Pfändler ist kein Spielzeug!» – Da isch sin Schproch gsee! Ond dezue het er mit de rechte Hand vor sim Gsicht wie näbes en Boge gmacht ond klepft mit drüü Finger. Wa het er mit dem wöle säge? Das mer mit em nüd efach cha omgoo, wie me will? Au en andere Uusdrock vo em isch vildütig: «Mos en nüd fääst see, er cha glich en schmotzige Chog see.» S Wort «fääst» bedütet fett, dick oder riich. «Schmotzig» hässt au dreckig oder oosuuber. Denn chönt s hääsje, das memmol en, wo näbis schint, glich en bschessne Kärli cha see.

De Pfändlers Willi het scho chlinne glernt, mit de Ross

omzgoo, er het früe möse mit go werche. E ganz e bsonders Aug het er kaa för schwirige Situatione, het gwösst, wie me en Bommschtamm mos dreie, cheere ond uflade, het sofort gmerkt, wenn s brenzlig worde isch. Als Bueb het er möse miterlebe, wie sin Vater bim Holze tödlech verooglückt isch. Gschwätzt het er nie dröber. Sini beschte Blochkollege hönd s erscht a de Beerdigung erfaare.

Er isch de Jüngscht gsee vo n ere Schtobe voll Goofe. Sini Muetter het s sicher nüd liecht kaa, wo de Zalltag vom Vater uusgfale isch. De Willi isch bi ere deheem ii- ond uusgange, bis si im e biblische Alter gschtorbe n isch, nüd vil vor em.

De Willi het au gern trunke, wie s do efach Bruuch gse isch. Gschaffed het er s Lebe lang mit de Ross. Wo s no kä Schtross ka het i d Höchalp ue, het er mit emene Muli d Bierchischte im «Ochse» gholt ond uegsommet. Wenn de Kaiser e chli z vil vewütscht het, isch de Muli en oograds Mol au elee glaufe. De Weg het er jo kennt, ond dobe i de Höchalp isch em sini Lascht scho abgnoo worde.

De Willi het Holz gschrenzt ond för de Fässlers Migg gschlettet. Spöter isch er de Sommer dör i d Eugscht go alpe. Ootröschtlech isch er gsee, wo em e Ross iigange isch. De Fääler het er bi sich gsuecht, ond all wider het er sich gfrööged, wie da hei chönne passiere. D Ross sönd sis Ees ond Alls gsee. Liebevoll het er mit ene gschwätzt. E chli rücher isch er mit de Lüüt gsee, nie aber mit de Tier.

Er isch om di sechzgi gsee, wo n er emol im letschte Zog vo Herisau heegfaare isch. E Billet het er e kes kaa, ond uusgrechnet demol isch e Kontrolle choo. Da choschti de Priis vom Billet ond de Buessezueschlag, het de Konduktör gsäd. «Denn schtiig i i de Wiile gad wider us ond laufe hee», het de Willi e chli hässig gment. Wäge dem mös er s Billet ond d Buess glich zale, het er zor Antwort öberchoo. De Kaiser het d Hose- ond d Tschoopeseck omkeert. Ken Rappe isch vörechoo. De Konduktör het sis Notizblöckli vöre. Denn mös er e Protokoll schriibe. E Nochbersfrau vom Willi isch au im Zögli gsesse ond isch zo dene beide ane. Si chöm för d Oochöschte uf. De Konduktör isch gad scho e chli fründlicher worde, ond de Willi het e «Säg Dank!» gmurmlet. Wo di beide z Urnäsch usgschtege sönd, het de Kaiser aagfange gschprööchle: «Die tomme Sieche wössed nüz gschiders ztue, als d Lüüt z kontrolliere.» I de «Tuube» het s no Liecht kaa. «Wäsch», het er gsäd, «i mos scho no wädli ie. Wenn i vebiilaufe wör ond nüd iegäng, wöred s mer s gwöss no öbelnee!»

Wo de Pfändlers Willi gschtorbe isch, het er de Gmend e Sümmli Geld henderloo. Förs Pärkli bi de Cherche sölled si s bruuche. S het no menge Urnäscher gschtuunet.

De Bueche-Jöckli

Ooni Zipfelchappe ond s Lendauerli het me sich de Jakob Frischknecht nüd chöne vorschtelle, au im Sommer nüd. Er isch mit siner Frau, de Triine, i de Bueche obe dehem gsee. En Puur vo de alte Sorte mit drüü, vier Chüeli, öpe e Chälbli oder en Gaaltlig. D Gaaltlig het er iigschpannt, het mit eene gfuerwerchet ond im Wenter pfadet. Vil schpöter erscht het er e chlises Määijmotörli zuetue. E paar Henne hönd s no kaa, d Triine het e paar Eier vechauft, ond e chli ääges Schmalz. E bscheides Lebe! Mit de Nochpuure hönd s memmol gjassed, emol i erne Stobe, en oograads Mol i de andere. Jöcklis hönd de Ofe nüd überheizt. S wär gmüetlicher gsee, wenn s amel e Schittli mee iekeit heted. De Jöckli isch all mit em Tschoope ond de Zipfelchappe nöch bim Ofe zue ghocked, das er nüd het möse früüre. Om d Zit vom Silveschter isch er fascht ab em Böndel cho. Ase chläusig sei er gsee. De chlii Finger fescht is lengg Oor iegschteckt, hei er aagfange juchze, buije ond zaure. Zom Bueche-Schuppel (en Wüeschte) het er ghört, dei isch er

Schelli gsee. I m e Joor, wo s Chlause wege de Muul- ond Chlauesüüch vebote worde isch, sönd s glich gange, aber no zo de Nochpuure.

I alte Tage, nochdem sini Frau gschtoorbe isch ond er elee im Tal henne ghuuset het, isch er amel am neue Silveschter mit e paar andere am Morge früe vom zwää aa i veschideni Hüser go früechlause, wie s do no Bruuch gse isch. E chliises Schelleli het er mitgnoo, ond er het alewil glached. D Zfredeheit isch em of em Gsicht glege. Wenn er is Dorf isch, het er amel bim Hofbach aaghalte, em Schtampf Älbi zuegjuuchzet ond memmol mit em e chorzes Zäuerli gnoo ond isch denn wider wiiter.

Wo d Triine no glebt het, hei mer amel gsäd, s sei guet, dass da Päärli ke Nochwuchs hei. Ahand vo de chromme O-Bee vo beidne hetet d Goofe sicher Rädli kaa schtatt Bee!

Vo Brave ond Huusleche

D Orgle-Else ond eri Schwöschter Emma

«Tuusig ie», het amel d Tante Emma gsäd ond isch mit erne flache Hend öbers Tischtuech gfaare, als öb s nüd schö gnueg böglet wär, ond als öb si s möst glatt schtriiche. «Tuusig ie, s isch halt gär nomme wie früener!» Denn het d Else gnickt, als wett si d Menig vo de eltere Schwöschter tääle, ond mit eme nervöse Augezwinkere s Eili mit Weili vesorget. Wenn s Eili mit Weili hönd chöne schpile ond vo erne Juged vezelle, denn sönd di beide alte Urnäscherine is Füür cho. Uufgwachse sönd s of de ene Schtrossesiite vo de Drockerei Schoop i de alte Bank.

Eren Brüeder, de Alfred Zuberbüüeler, het d Kantonalbank gfüert. De Vater isch de Gmendshoptme ond Oberrichter Zuberbüeler gsee, d Muetter e Fricke vom Hof, vo Samuels, wie s amel gsäd hönd, ond somit sönd s väterlecher- und müetterlechersits mit halb Urnäsch vewandt gsee. Aber nüd no mit halb Urnäsch. D Vewandtschaft het sich im ganze Appezellerland ond wiit i anderi Kantöö vetäält, sogär bis of Amerika ond Kanada.

Grosszügig het amel am Joormart ond a de Chilbi d Tante n Emma is Portmonnee ieglanget, wenn si e Chend os de Vewandtschaft kennt het. «Tuusig ie, wa du nüd sääsch! D Ritschuel choschtet mee als föfzg Rappe? Ond e Zwenzgerschtöckli? Wa, fascht zwee Franke? Da daar jo nüd woor see. Wo n i no jung gsee, bi het alls mönder koscht!»

I Sache Zwenzgerschtöckli hönd d Emma ond d Else en oovergesslechs Jugederlebnis kaa: Os erem schmale Sackgeld hönd sich die beide emol i de Konditorei Engler Patisserii kauft. Si sönd elee dehem gsee ond hönd sech dezue wele en schwarze Kafi mache. Gad i dem Moment, wo s an Tisch ghocket sönd, isch erni Guusine vom Hof, d Emma Frick, of Bsuech cho. Wie de Blitz hönd s d Zwenzgerschtöckli hender em Ofe veschwinde loo. Im Chaschte hönd s no en Brocke trochne Biberflade gfonde, wo s denn gmesam mit de Emma Frick im Kafi tunkt hönd. Wo s endlech wider elee gse sönd, het sü d Schtrof scho iigholt. D Katz isch hender d Zwenzgerschtöckli! Nütz als en veheuete ooappetitliche Reschte isch öbrigblebe. Die Schwöschtere hönd da als gerechti Schtrof ond als göttleche Wink aaglueget.

D Emma Frick vom Hof het e paar Joor schpöter de Konditer Frehner vo Herisau ghüroote, ond jedesmool, wenn si z Urnäsch of Bsuech cho isch, het si erne beide Guusine e Schachtle voll Patisserii proocht – Zwenzgerschtöckli om Zwenzgerschtöckli! Ond s schlecht Gwösse het die beide jedesmol wider plooged, au no noch Joore. Of d Frog, öb s da Erlebnis denn dene Frehners, de Tochter Maja oder erem Brüeder, em Hansueli, em schpötere Chefarzt vo Uster, wo sogär de Göttibueb gse isch vo de Emma Schoop, nie vezellt heied, hönd die bereits alte Dame de Chopf gschöttled: «Biiti nei! Mer heted ös doch ase möse schäme!»

De eltisch Brüeder vo de Emme ond de Else, de Konrad, het als ganz junge Maa d Färche kauft. De Konrad sei scho als Bueb ase en püürsche gsee, willsgott deneweg püürsch, ond hei sich nie näbes säge loo. Ond dromm hei er äägemächtig ooni Geld d Färche kauft. Alli seied vechlopft. Joo, de Vater hei denn ebe möse bürge. Es sei denn zom Glück recht usechoo. Aber die erschte Joor hei de Konrad vil Oogfell kaa. Zwää Chend seied em als Gööfli gschtorbe, ees a de Difterie ond ees a de Schlofchranked. Allpot heied s möse i d Färche an e Beerdigung. D Else ond d Emma hönd tüüf gsüüfzet. «Aber sös hönd mer e gueti Famili kaa, mer sönd schtreng, aber gerecht erzoge worde.»

De Vater Zuberbüeler isch Fergger gsee, ond d Muetter het em gholfe, ond het nebed zue no d Bank gfüert, wo schpöter de Alfred öbernoo het, en liebe Maa, wo alli gern ka hönd. Emol aber isch er alls anders als lieb gsee! De Hampi Blaas het sech als chlinne Bueb e Chlauselarve baschtlet, e paar Tannenescht ane Gröschtli aagneit, e Schelleli aagläät ond isch vor d Bank go chlause. Aber de Herr Zuberbüeler, wo all so fründlech gse isch, wenn er em s Schpaarkässeli proocht het zom Leere, het en aagschnoret wie verrockt, wo n er vor de Tör gschellelet het: «Mach, das fort chonscht. Du vesauisch mer di ganz Schtege mit dim Chrees.» De chli Silveschterchlaus isch ase vechlopft, das er fascht henderschi d Schtege n abkeit isch. Ond ase enttüscht. Wer wäss, vilicht het gad da Erlebnis dezue biiträge, das de Blaas sech schpöter mit sim Uuftrete als wüeschte, gförchige Silveschterchlaus en Name gmacht het. I de sebe Joore het s z Urnäsch no vil Lüüt im Dorf kaa, wo im Silveschterchlause no de Bettelbruuch gseä hönd. Ond d Else het vezellt: «Au, die Chläus! Wo n i no jung gsee bi, sönd mer Meetle doch amel vo ene veschprunge. Een het mi emol gad ober de Hag iezoge. Het s meer gförcht!»

D Zueghörigkeit vo de Emme ond de Else zo erne Famili isch tüüf gsee. D Emma het mit ober nünzgi en Unfall kaa ond isch in Schpitol proocht worde. Alls het drof tüüted, dass si noch 24 Schtond Bewusstlogigkeit nomme vewachi. Zmol aber isch eren Bluetdrock aagschtege, si het d Auge uufgschlage, ommeglueged ond gsäd, si het Loscht of Kafi ond Bröcke. De Dokter, wo ganz öberrascht gse isch, wo n er is Zimmer iecho isch, het eren Zueschtand wöle teschte ond het si noch em Namme gfroged. «Hoptme Zuberbüelers Meetel, Oberrichters, jo, jo, wössed Sie.» Noch enere Schtond isch si voll do gsee. Eren Namme het sie sogär gschrebe: Emma Schoop-Zuberbühler, geb. 6.5.1896.

Vom Hoptme Zuberbüeler get s no es schös Gschichtli. Als schparsame ond habliche Maa het er en Huufe Appezeller Zeddel kaa. D Scholdner heted amel söle de Zees vo vier Prozent am Martinistag zale. Ee Puurli aber isch all im Rückschtand gsee. Emol het de Hoptme Zuberbüeler im Dorf de Maa bim Ommehocke aatroffe. Er het en gmaanet, es wär scho wider emol Zit, das er sine Vepflichtige noechäm. Do het da Mandli hemisch glached ond giftig gsäät: «I wett lieber e kä Zeddel haa, wenn i s nüd emol wör vemöge, of da Zeesli z warte.»

Als Chend hönd d Zuberbüeler-Meetle i de ganze Gmend möse zo de Schticker go d Heimärbet bringe ond wider hole, bis is Innerhodisch ie. «De Vater het ös scho iigscheerft, mer mösed mit de Katolische au recht see, da seied au Lüüt.» De Oberrichter isch en gradlinige Maa gsee, ond er het menge zrechtgwese, wo gege di Katolische tue het. D Augewimpere vo de Else hönd fasch klimperet, wenn si denn de Emme zrogggee het: «Aber di Katolische hönd au chöne frech see. Bring lieber en Söffel schtatt en Osserrhoder hee, hönd d Innerrhoder de Meetle iigscherft. Ond i ha all e chli Angscht kaa, wenn i d Urnäscher oder d Hondwiler Grenze öberschrette ha. Sobald me nämli of Innerrhoder Bode cho ischt, dei bim Bächli vor em Jakobsbad, bim Chloschter, het s andersch gschmeckt als bi ös. Fascht förchelig, efach so richtig katolisch.» Do hönd alli liwänd, vilicht sei grad frisch pschöttet worde, oder anderi Erklärige nütz gnötzt. D Else isch bi erem Globe blebe.

S hönd veschideni Gschichtli zirkuliert om da Chloschter. Öppe en Urnäscheri isch heimlech dei ane go Root hole, wenn si nomme wiitergwösst het. S het no vil Lüüt kaa, wo gment hönd, si wered vo andere Lüüt plooget, ond gege da hönd s näbes wele tue. I de sebe Fäll het denn de Globe ke Rolle gschpiilt, Hoptsach es nötzt. Im Chloschter isch ene vo de Schwöschtere amel gholfe worde: Mit em Herrgott mös mer schwätze, drüü Gebet ufsäge ond drüü Cherze aazönde. Wenn e Chend nüd chönn schlofe, sött mer e Chrüz onders Bett legge. Emol sei an ere Frau groote worde, wil s Chend nüd het wele ufhöre mit Bettnässe, si söll e Muus fange, s Pelzli onders Bett legge, d Muus choche ond em Chend z esse gee. Wa do draa woor isch, cha me nomme fröge. Sicher isch, das es Fraue kaa het, wo da ommevezellt hönd ond sogär no globt. D Else Zuberbüeler het vo so Sache Abschtand ghalte. Bete ond mit em Herrgott schwätze, da sei scho recht. Aber sös isch si gege alls, wa mit Hitz ond Brand z tue kaa het, skeptisch gsee. Es hei scho so Lüüt, wo mee chöned als no Brot esse. Die mösed aber en tüüfe Globe ha, sös seied schwarzi Mächt debii, ond da sei schlecht.

Vom Tribelhorne Jöckli hei si als Goof Angscht kaa, obwohl er sicher scho recht gse sei. Er hei efach mee gseä als ander Lüüt. Wenn näbertem näbes gschtole worde sei, so hei er de Schelm chöne beschriibe, aber no so lang, als das er no nüd dörs Wasser glaufe sei, dör d Urnäsch oder sös dör e Bächli. Alewil a Jakobi (25. Juli) sei er d Senne of d Alp go bsueche ond hei ene osere Chrenze, wo fascht grösser gse sei wie n er selber, Biberflade vetäält. E so het er sin Namenstag gfiired, obwools bi de Reformierte nomme Bruuch gse isch.

D Else Zuberbüeeler isch nie ghürote gsee, aber si het mengem Urnäscher Chend s Klavierschpiil biiproocht, ond jede Sonntig isch si i de Cherche a de Orgle ghocket. Drom au de Name Orgle-Else. Wo aafangs Sibezgerjoore e Tschässkonzert i de Cherche schtattgfonde het, isch si entsetzt gsee: So näbes ghört doch nüd in e Gottesshuus! Fascht no mee het si sich öber Appezellermusig i de Cherche ufgregt. Cherchemusig ond Zäuerli ghörid efach nüd zämme ond zwor vom evangelische Globe her scho nüd. Sennisch ond cherchlech seied zweierlei Ding. Si het mit em dozmolige Pfarrer richtig gschtrette ond een wöle öberzüüge, das eer so Neuerige mös vebüüte. D Cherche sei ken Tanzbode. E paar Joor schpöter het si erni Menig genderet. Irgenden Uushilfsorganischt het an e re Beerdigung gschpilt ond zwor ase luut ond falsch, dass d Else, wo zo de Truurgescht ghört het, nomme ruhig of em

Bank het chöne hocke. Guet sei de Verschtorbni scho of em Fredhof gsee, sös het er sich no möse im Sarg omchere, dereweg schuuli hei s kede, het sie vezellt. Do wär e so e fiis Zäuerli doch näbes anders gsee. Da het nüd no de Lebtige ond de Tote, da het sicher au em Herrgott besser gfalle.

D Orgle-Else het jo e guets Musigghör kaa, aber si het wered Joore nüd gmerkt, das a de Orgle, wo 1941/42 baue worde isch, zwoo Pfiife gfäält hönd. Da isch erscht uuschoo, wo ame Cherchekonzert en osswertige Musiker gschpilt het. I de Orgelbauerei z Dietike sönd die beide Pfiife all no näbes ime Egge ommegschtande, bschtellt ond nüd abgholt.

Vom Aafang vo dere Orgle get s au no e Gschichtli. S erschtmol droff gschpilt am erschte Gottesdienscht noch em Ombau vo de Cherche het en Organischt vo Winterthur. Alli Regischter hei er zoge, ond mit vollem Klang hei s dör de Ruum ghallt. En Puur aber het de Chopf gschöttlet. Öb jetzt die neu Orgle oms Tüüfelsgwalt scho bi de Iiweiig mös kaputt goo. Do isch em s harmoniumähnlech lieblech Schpiil vo de Else Zuberbüeler doch nöcher gsee.

Was si i de Cherche ghört ond was nüd, isch vilfach e privati Aasicht. Wo im Joor 1968 s erscht Urnäscher Cherchekonzert schtattgfonde het, sönd di Verantwortleche zom katolische Pfarrer i d Zörchersmöli ond hönd gfroged, öb s ächt die schöne Cherzeschtöck töred uusleene. Dozmool het me i de reformierte Cherche osserd a de Wienacht chum Cherze uufgschtellt. «Jo de friili», het de katolisch Pfarrer gsät. Es wör en sogär freue, wenn er näbes biiträge chönnt, dass sech di Katolische ond diä Reformierte e chli nöcher chämed. De reformiert Cherchepräsident aber isch gad uufgjockt: «Nee! Aber nüd katolischi Cherze i ösere reformierte Cherche!» Er het sicher bald zo de Letschte ghört, wo e so en tüüfe Grabe zwüsche reformiert ond katolisch gmacht hönd. S hei sogär en Lehrer kaa, bi dem heied reformierti Chend, wenn s näbes nüd recht gmacht heied, zor Schtrof möse an en Katolik anehocke.

Chum zom globe! En Reformierte het ame Katolische ke Huus vechauft ond isch nüd zome Katolische in Lade. Im Innerrhodische isch es au nüd vil andersch gsee. Zom Glück aber sönd die Ziite vebii.

D Orgle-Else ond d Emma Schoop hönd im höche Alter amel am Sonntig d Radiopredig glosed. Es sei en Pfarrer debii, wo ase schöni Predige hei, di schönschte vo allne, nüd zom globe, ond da sei en katolische Pfarrer. Sie losid bald no no de seb. Emol ame Sonntig isch d Frida Zöpfel, di langjöörig Fründin ond Sekretärin vom Ernst Schoop, bi ene gsee. «Mosch au lose», hönd di beide Fraue gsäd. Uusgrechnet damol het ene aber d Predig nüd gfalle. «Also nee, da isch nüd gliich wie sös, vil z fescht katolisch. Nüd zom globe, dereweg katolisch!» Wered d Frida Zöpfel i de Chochi am Esse richte gse isch, chiid s os em Radio: «Sie hörten die evangelische Predigt aus der Johanneskirche in Basel.» «Biiti au!», het d Emma gruefe. «Da isch gär nüd de seb Pfarrer, da isch jo e reformierti Predig gsee! Hönd er s ghört?» D Else het wie all blinzlet ond diplomatisch gsäd, weleweg sei si ebe ökumenisch. «Wa, ökumenisch?», het d Emma gfröged, «jä so! Ökumenisch! Jo, i mos scho säge, i bi halt nüd för e so neumödisches Züüg.»

D Tante Schmid ond s Anneli Hug

No bis aafangs 1970 het de Chendergarte z Urnäsch emene private Verein ghört, wo 1866 gröndet worde isch. Wered vilne Joor, zerscht im Huus gad onder de Cherche, schpöter im Pfarrhuus, het s Frölein Frida Schmid de Chendi gfüert. En Uusbildig het s dozmool, wo si aagfange het, no nüd pruucht. D Tante Schmid, oder ebe d Chenditante, isch gsegnet gsee mit enere grosse Porzio Geduld, aber au mit eme erschtuunliche Wösse öber daa, was em liebe Gott gfallt oder, besser, nüd gfallt: Natürli het er nüd gern, wenn me wüeschti Wörter bruucht oder e chli schwindlet. D Fasnacht het er nüd gern ond s Tanze au nüd. Wa n er au nüd gern het, sönd oogfölgegi Chend. Da Wort «Goofe» het si nie is Muul gnoo. Devör het si bi jedem Name e «li» aneghenkt: de Koneli, de Walterli, s Lisebeetli, s Yvöönli, aber au s Schagglinli oder de Hansueleli. Wenn zwää Chend gliich ghäässe hönd, so het si a eem en Zuesatzname gee. Will s emol zwee Hanspeter kaa het, en devoo e chli en Schtriitsock, isch de seb de bös, de ander de lieb Hanspeterli gsee. Da het si wörkli nüd bös gment. För si het s Schtriite efach nüd is Weltbild passt. Singe isch wichtig gsee: «Oh du goldigs Sönneli», «Weisst du, wie viel Sternlein stehen» oder denn Gschichte vezelle. Mit Engelsgeduld isch si of d Chend iigange, het näbes chönne erkläre. Wenn si gmerkt het, dass s em eene oder andere doch e chli langwilig werd, het sie s gschickt, zom Anneli Hug go näbes poschte. Meischtens Chrömli, Toggeburgerli!

Weles Chend isch nüd gern zom Anneli Hug in Lade! Nüd no will mer dei all näbis öberchoo het zom Schlecke. S het ase vil gee zom Luege. Ganzi Reije vo Schublade sönd gföllt gsee mit Zocker, Riis, Gerschte, Mais, Haberflocke oder Kafi. S Anneli Hug het die Sache je noch dem, was de Chond velangt het, mit eme schöne glenzige Schüfeli os de Schublade gnoo, i Papierseck abgföllt ond gwoge. Was s koscht het, da het si no möse im baare Chopf usrechne, ooni Kasse zom Tippe.

Au sös isch de Lade vom Frölein Hug no efach iigrichtet gsee. Si selber het e blitzsuberi Pruefschooss aakaa, erni graublonde Hoor sönd vo m ene Hoornetzli zemeghebet worde, das au jo ke Höörli an e Örtli anegheit isch, wo s nüd het döre. I erem Lädeli het si alls kaa: Wäschmittel, Nääijsache, Spilsache, Gschier, Hosechnöpf, Wole, Riisverschlüss, Schtoffnastüecher, Schtrick, Hälslig, Schtrigel, Muusfalle, Nidelzeltli, Kaugummi ond no vil mee. Im ene grosse Blechchöbel isch de Latwärihung ufbewaart worde. Mit eme riisige Löffel het si ordeli e Porzio vo dere dunkle dickflüssige Masse usegschepft ond i mitprochti Gläsli, wo si zerscht het möse wege, abgföllt. E schös Luege, wie si de Löffel e paar Mol dreit het. Nütz isch denebed. Au Petrol het si no offe vechauft. För säb hönd d Lüt möse e Chäntli mitbringe.

Wer im Wenter frischi Eier het wöle, isch fründli drof ufmerksam gmacht worde, dass d Henne im Wenter nüd gern legged. Me sött halt d Eier im Herbscht iimache. E paar frischi hei si scho, aber si chön nüd mee als drü oder vier gee. Wa, zää Schtock? Nei, da gieng niemols! Si mös doch för ali Chonde luege. Eren Gerechtigkeitssinn isch öberdurchschnettlech gsee. Di andere Läde im Dorf sönd vo ere au berücksichtiget worde. För eri Iichäuf het si meischtens e Schuelchend os de fööfte oder sechste Klass gschickt. Da Ämtli, zwämol i de Woche, isch vor allem bi de Meetle beliebt gse: sechs grüeni Banane bi de Frau Wüetrich, s Fleisch emol vo de «Tuube», s andermol vom «Leue», d Milch vo de Chäserei. D Milch het s Fröilein Hug amel sofort abkochet ond in Cheller abegschtellt.

No lang sönd ere Chüelschränk ond Wöschmaschine no vo Wiitem bekannt gsee. Au do no, wo e paar Fraue im Dorf vo derige Neuheite gschwärmt hönd. Wa da för e n Erliechterig sei. Gad mengi isch bim erschte Mol laufeloo vo de ägne Wöschmaschine glücklich vor die neumodisch Magd aneghocket ond het d Hend im Schooss ruebe loo. Hönd efach gwartet, nütz tue, di ganz Zit nütz tue ond gschtuunet, bis d Wösch gwäsche gse isch. D Wöschmaschine! Di bescht Erföndig för d Fraue! S Anneli Hug isch, bevor si so vil Geld het wöle uusgee, bi de Emma Schoop vo de Drockerei d Wöschmaschine ond au de Chüelschrank zerscht go uusprobiere. Me chauft ke Chatz im Sack!

Mit em Anneli Hug hönd alli Chend gern pläuderlet. Si isch ufgschtellt gsee ond het vil gwösst. E Wiili lang het si de Schuelchend abbote, si mösed eres Fläschli mit Fanta oder Coca Cola, wo s bi ere chaufid, nüd ofs Mool lääre. Si döret s schtooloo ond em andere Tag fertig trinke. Da isch denn aber vo Siite vo de Schuel vebote worde. S Anneli Hug het da aber sicher nüd os Gschäftsintresse gmacht als vil mee, om de Chend e Freud z mache.

Usnaamswiis isch memmol au eren Brüeder, de Emil, i siner blaue Pruefschooss im Lade gschtande. Er het aber eener zwoo lenggi Hend kaa i Sache bediene. «Anne», het denn au bald sini Schtimm halb energisch, halb hilflos tönt, «Anne, chomm emol!»

De Emil isch blitzgschiid gse. Me het en näbes chöne fröge öber d Schwizergschicht oder öber Geografie, er het alls gwösst. Da Gschwöschteripäärli het vil Harmonii ond Zfredeheit uusgschtraalet. Es het e wichtegi Rolle gschpilt im Dorf, ooni je grosses Ufseä z errege. In e grossi Ufregig isch s Anneli Hug aber cho, wo d Lebesmittel abpackt ond mit eme Vefalldatum versee worde sönd. Biiti au, so näbes! Da isch doch e domms neumödigs Züüg. Ond zeme mit de Emme Schoop ond de Else Zubebüeler het si gwetteret: «Linse sönd doch fascht ewig haltbar ond Hülsefröcht au, Biilihung nöchzue, Zocker, Gerschte ond Hirse mengs Joor. Mais ond Griess mome halt emol siible, falls s emol e Wörmli dren het. Sicher bliibt s meischt vil lenger guet, als was of dene blöde Päck schtoot. Ond im andere Fall merkt me da vo selber.» Si sönd mit dere Aasicht nüd di Enzige gsee.

Au d Tante Schmid het bi Chrömli ond Schoggi nüd ofs Datum glueget. Si het s kauft, bhalte ond irgendwenn veschenkt. Förs Poschte sönd d Chend vo de Chenditante mit eme Chröömli beloont worde. Wo aber de bös Hanspeterli emol isch go poschte, ond si mit em Chröömli nüd usegrockt isch, het er gfröget, öb er jetzt nüd au ees öberchäm. Si het en zrechtgwese: Fröge sei ooaschtändig. Er chäm jetzt gad extra e kes öber. D Welt isch halt nüd all gerecht. Memmol sogär wege dene, wo ganz sicher wössed, wa Recht ond wa Oorecht isch. Aber ebe. Si het dem Bueb no wele de richtig Weg zäge. Urtäle cha jo denn all no de lieb Gott selber.

E wichtegi Erziehigsmetoode vo de Tante Schmid isch gsee, d Chend is Eggli z schicke. I dere Ziit hönd s denn nüz Tömmers tue, ond för d Tante isch es ring gsee, vor allem, wo si langsam elter worde isch. Wenn d Buebe dehem am Obed gfrööged worde sönd, wie s im Chindi gsee sei, isch vilfach d Antwort choo: «I wäss nüd, i ha möse i s Eggli schtoo!» Da sei memmol vil löschtiger gsee als ruuig of em Schtüeli hocke. Förs Lisebeetli isch es aber e ke schös Erlebnis gsee. Si isch in Gang use is Eggli gschickt worde, will si en Farbschtift ooni z fröge zor Schachtel uusgno het, ond si het si söle dei osse go schäme. En geele isch es gsee, da het si erer Lebtig nie vegesse.

S Frölein Schmid ond s Frölein Hug hönd Sonntigschuel gee: d Tante Schmid im Tal ond s Anneli Hug im Dorf. Beidi hönd d Chend amel liebevoll bette, en Föfer oder en Zenner is Sonntigsschuelkässeli z gee. Of dem Kässeli isch en dunkelhütige Bueb mit schwarze Chrusle ond gfaltete Hend im wiisse Hempli knüület. Wenn in Schletz vom Kässeli e Mönze gfalle isch, so het de schwarz Bueb gnickt. D Auge vo de Sonntigschuelleererinne hönd gschtraalet: «Lueged, s Negerli säd eu danke!» Da het sicher au em liebe Gott gfalle. Vil besser, als wenn d Chend uusglasse gse sönd. Bim Frölein Hug hönd emol e paar Buebe e chlises Pänzerli mit eme Kanoneroor of d Wandtafle gmoolet. S Anneli Hug isch osser sich gsee. D Buebe sönd schnuerschtraks heegschickt worde.

Bim Fräulein Schmid isch Chemifeger Chnöpfels Meetel, wo neu i d Sonntigschuel cho isch, ufgforderet worde, e Liedli z singe. Si het aagfange zaure. Zaure het si bim Vater glernt, ond da isch för sii s schönscht Lied gsee. D Tante Schmid isch veschrocke ond het si gad wider heegschickt. Si mös nomme choo. Biiti au! Da goot doch nüd. Zaure, da isch doch e weltlechi Sach, het nüz mit Religio ond de Sonntigsschuel z tue.

I d Cherche aber isch s Frölein Schmid jede Sonntig als Letschti ie. Das me si au joo gsech, hönd d Lüüt phoptet. Eener isch si efach i Ziitnot gsee, will si em Sonntig vom Tal is Dorf glaufe isch. Sös isch si, osser wenn s Schnee of de Schtross kaa het, jede Tag in Chendi gfaare mit erem alte, schwere englische Velo, wo memmol d Goofe, wenn si s nüd gsee het, probiert hönd ommezschtoose oder demit z faare. Eeni vo de letschte Foti-Ufnaame vor erer Pensionierig zäged d Tante Schmid zmezt onder de Chendergärtler. En vo de Buebe, de Boli, isch aber scho grösser gsee als sii. Da het si nüd wöle a de Reed ha ond isch of en Schemel uegschtande. Weleweg het si vegesse z frööge, öb si da jetzt dör oder nüd. Jää, förs Bschisse isch de lieb Gott ebe sös au nüd gsee!

De Loo, wo d Tante Schmid för eri Ärbet bezoge het, isch jo gwöss chlii gsee. Nüd emol e Chrankekasse het si kaa. Di erscht Gmendröti z Urnäsch het s chöne iirichte, as si no i schpoote Joore i d Leererchrankekasse ufgnoo worde isch. Dank erer Schparsamkeit ond eme ägne Hüsli, wo si no lang mit de Muetter glebt het, isch de Tante Schmid en schöne Lebesobed bschede gsee. No recht vil sönd si ehemoligi Chendergarteschüeler go bsueche. D Freud för sii isch jedesmol gross gsee. Eri Chend sönd för si no Chend gsee, wo s scho lang erwachse gse sönd: «Schängli, magsch no e Chrömli?» Ond de Schäng, scho verhürotet, het, wo n er ere s bschtellt Fleisch os siner Metzgerei proocht het, die Chrömli, wo sicher scho lang gältelet hönd, dankend os de Hand vo de ehemolige Chenditante gnoo.

E chorzi letschti Zit het d Chenditante im Altersheim Chräg obe veproocht. Wo si de Pfarrer go bsueche isch, hei s en bette, si mit Frölein aazrede ond nüd mit Frau, wa zwor jetz Mode sei au för Ooverhüroteti. Si sei s Fräulein Schmid, ond da well si bliibe. Am Silveschter isch de Blaaseschuppel is Altersheim go chlause. E Bise isch gange. D Manne hönd fascht ke Schtimm kaa weg de Chelti. Zmol goot im obere Schtock e Fenschterli uuf. D Chenditante! Nie wär s ame Chlauseschuppel in Sii cho, zo ere go chlause. Eres Huus isch nie gchlaused worde, si isch nüd chläusig gsee. Aber jetz losed si gliich. Zmol wörft si e chlises Päckli abe. En Halsfeger isch dren gsee.

Gäälers Määrti

«No e bezeli huusliger, ond mer chönt s dromm nee», het mer vo sönige schpärelige Lüüt wie em Määrti Gääler gsäd. Er isch sicher en vo de Letschte gsee, wo deneweg schpärelig gsee isch. De Franke het er nüd drümol, nee, zwenzgmol ommdreit, bis er en usgee het. So het er vo siner AHV jede Monet no chöne en rechte Blätsch of d Siite tue. A d Kleider ond Schue het er au ken grosse Aaschproch gschtellt ond a Sääfe, Wöschpolver ond Potzmittel scho gad gär nüd.
Eem het die schtattlich Heemet im Büel ghört. S het ghäässe, i dem Huus sei emol de Johann Ulrich Schmid dehem gsee, wo i de Joore vo 1665 bis 1682 Osserrhoder Landamme gse isch. Prunkvolli Tapete ond Molereie a de Wänd, denoe e Möbelschtock, hönd of en ehemolige Woolschtand zääget. Di altmödig ärmlech Chochi-Iirichtig chönnt fascht au no os dere Zit gse see. Aber wege dem het de Gäälers Määrti glich d Biilivölker im Schlofzimmer inne ghalte, ond au d Schleudere isch nebet sim Bett gschtande. D Wabe sönd alt gsee, aber sini Völker gsond, de Onderhalt ring, vor allem im Wenter. Nöcher bim Huus wär nomme gange. Im Früelig het de Määrti no di veschidene Töörli gege veruse möse ufmache, ond sini Biili hönd chöne flüüge. Zo de Maieblueme rond oms Huus, in Wald oder geg de Säntis zue. De Säntis, wo n er so gern vor de Auge kaa het. Vo dehem fortzögle is Dorf abe oder gär in e Altersheim? Nee, niemols. De Vater, wo em da Huus vemacht het, wör sich jo im Grab omdreie, ond er, de Määrti Gääler, wör de Säntis vo niene uus me so schö gsie. Er isch zfrede gsee. Mee bruucht s nomme zom Lebe, wenn mer langsam elter

werd: verosse all e chli Holz zom Böschele, näbis z esse ond im Wenter e warmi Schtobe.

I de grosse Schtobe isch zmetzt im Ruum en riisige neumodige Fernseeapparat gschtande. S modernscht im Huus. Sös het alls uusgsee wie früener. I junge Joore het de Gäälers Määrti sini Heemet selber bewirtschaftet, isch Traktor ond Töff gfaare. Nüd ooni Stolz het er vezellt, wie n er amel drüü Hornschlette, vollglade mit Schtreui, anenand ghenkt het ond vo de Schtreuiwes vo de Schönau om all Ränk ome zo em abegfaare isch. D Schtrooss ond de Vecher sönd no andersch gsee.

Wo de Määrti Gääler pensioniert worde isch, het er d Heemet vepachtet. Mit em Töffli gfaare isch er no lang, bis er gär nomme het chöne ufschtiige. Di letscht Zit isch es efang e gförcheligs Luege gsee, wie n er sich vo henne über de Sattel of da Vehikel uezoge het. S Töffli isch memmol scho los, vor er ganz dobe gse isch. Wo n er iigseä het, dass s nomme god, isch em bald no no s Böschele blebe. Böschelet het er förs Lebe gern. Fascht jede Tag het mer en im Rank ob sim Huus am Böschelibock aatroffe. Au doo no, wo em s Laufe au mit zwee Schtöck grossi Müe gmacht het ond jede Schrett mit Schmerze vebonde gse isch. Ond glich isch er abeknüület, zom d Eschtli zämmeznee. Jedes Hölzli het er vom Bode uegno. Dar doch nüz veloore goo! Da wär jo no!

Alewil het er Angscht kaa oms Geld. Ond bi allne Lüüt isch em de Vedacht choo, si chönted en wöle bschiisse. Gueti Frönd sönd amel mit em go poschte. Velangt vo em hönd s nie näbis. Eener hetet s em näbis gee, als das s näbis aagnoo heted. Em isch nüd in Sinn cho, das s Benzin au näbis choschtet. En oograds Mol het er am eene oder andere vo dene Helfer förs Faare wöle en Zweefränkler i d Hand drocke. Meischtens hönd s abgwunke. Ossert Brot, Schmalz ond Polenta het de Gäälers Määrti chum näbis kauft. D Milch het er vom Pächter kaa, en Klarepfelbomm het jedes Joor Fröcht träge, Alkohol het er chum trunke. S Huus ond au d Werchschtatt isch mit

allem iigrichtet gsee, was er bruucht het, und bruucht het er
nüd vil. Jede Nagel, jedi Agraffe isch greedet worde. Kleider
het er nüd mee wöle, als was er set Joore im Chaschte kaa het.
Ond wenn au näbis kaputt oder dreckig gsee isch, het s en nüd
schtarch kümmeret. Gwäsche het er sech i siner uralte Chochi
am Schöttschtee gegenüber vo de Füürschtell, wo n er de
Chachelofe för d Schtobe iigfüüret het ond wo n er im Herdli
d Milch för en selber ond för d Chatze gwermt het. Sini
Chatze sönd em ees ond alls gsee. Mit vil Liebi het er ene
Milchbröckli gfuetteret ond dezue gschwätzt. En Schtee-
sammler isch er gsee. No lang, bis er s nomme het möge
schlääpfe, het er s os de Bäch usegholt ond heeprocht: grossi
Schtee, schwäri Schtee, Schtee mit bsondere Forme. Wie e
Chend het er sich draa chöne freue. Er isch vor sim Schtee-
huufe nebed em Huus gschtande, ond sini Auge hönd glüüch-
tet. Jede Schtee het sini Gschicht!

D Grossmuetter vom Gäälers Määrti isch d Albertine
Schwizer-Frischknecht gsee, e Puurefrau, wo z Urnäsch i de
Mettle vo 1866 bis 1938 glebt het. E Naturheileri, Heemelis
Meedel het mer ere gsäd. Scharewiis sönd d Lüüt vo In-
nerrhode, aber aus sös vo wiither mit em Zoog choo, om bi ere
Mitteli z hole. Eri Schpezialität isch e bsonders gueti Zogsalbi
gsee, ond die «wiiss Gottere» gege jederlei Vecheltige, wo si
selber noch eme ägne Rezept met Zuegobe vo Schwefel, Mag-
nesium ond Wondertropfe hergschtellt het. En Nochkomme
vo ere, de Hanspeter Walser, het vezellt, si hei i de Nebed-
schtobe näbis wie n e Apothek ka. Wenn si e wiissi Gottere,
– wiiss will de Inhalt wiiss gsee isch, – usegee het, hei si amel
vor em Chond en chlinne Soärpf gnoo, zom zääge, dass daa,
wo si vechaufi, gueti Waar sei. Woher sis Rezept öberliferet
öbercho het, da het niemmer gwösst. Zroggblebe sönd no e
paar lääri Fläschli. Schwefel ond Magnesium wäred sicher no
erhältlech, aber d Wondertropfe z fönde, isch scho e betzeli
schwiriger.

De Gäälers Määrti het nüd vil vo sich vezellt. Au öber seb Erlebnis i de Chendheit nüd, wo n er glich emol priisgee het. Er sei öpe föfi ode sechsi gsee, er wössi s nüd emol me gnau, sei sis Schwöschterli chrank im Bett glege. Es sei im Heuet gsee ond d Eltere de ganz Tag a der Ärbet. Do hei d Muetter zo em gsäd, er söll hee go luege, was s Schwöschterli machi, ond öb s öberhopt no lebi. Wo n er i d Chammer cho sei, hei er sofort gmerkt, dass näbis nüd schtimmi. S Chend hei sich nüd bewegt. Au wo n er s aaglanget hei, nüd. Do sei er efach hocke blebe ond hei sis Schwöschterli aaglueget. Er wössi nomme wie lang. Zmol sei d Tör gange. D Muetter hei en Schrää abloo ond en zom Zimmer uusgschickt. Lüüt seied choo ond gange. S Schwöschterli hei er nomme gsee. Si heied s jo wool denn gholt ond beerdiget, aber mit em hei niemer me dröber gschwätzt, ond er hei si au nie getraut zom frooge. Es sei efach veschwunde! Wo da de Gäälers Määrti vezellt het, sönd dem alte Maa doch e paar Tränli d Bagge abglaufe.

E Wiili lang hei er e Fründin ka, die het au bi n em gwoont. Si sei denn aber wider gange. Wer wääss, vilicht het si au, vo em uus gsee, e chli z vil uusgee. E so iigfleischti huuslechi Junggselle chönd sich all schlecht vorschtelle, was e so en Huushalt choschtet.

Vilicht isch em e so gange wie dene beide ledige Kürschteenere vo de Schwaderau. Vil Joor het ene d Muetter de Huushalt gmacht. Wo si denn ebe alt worde isch ond nomme het möge, het en Vewandte zo dene beide gment, das es jetzt för de ee oder de ander Zit sei, zom hüroote. Do het de ee im Hoor kratzed, ond de ander het usebrösmelet: «Joho! Im Sommer bim Heue chönnted mer amel scho eeni bruuche. Aber wa mächtet mer denn mit dere im Wenter?» Si hönd sicher scho Angscht kaa, si mössted no eeni dörefüettere.

E chlises Bischpiil vo de Schparsamkeit vo Gäälers Määrti het en Frööndä erlebt. En Kunschtfotograf isch i verschidene Länder of de Suechi gse noch alte Puurehüser ond urchige

Mensche, wo dren gwoont hönd. So isch er dörs Museum Appezell zo Gäälers Määrti gwese worde. Noch em Fotografiere isch de Määrti zom Nachtesse iiglade worde ond zomme Glas Wii i de «Schönau». Noch em Esse het sich de Fotograf bedankt ond verabschidet. Au de Määrti het wöle hee zue. Do gsiet er, das de Frönd e paar Schlöck Mineralwasser im Glas schtooloo het. «Aber da isch doch zalt worde», het er mit Nochdrock gsäd, «da cha me doch nüd efach schtooloo. Die leered s jo no us.» Er het da Glas gnoo ond ustrunke.

Emol im Joor het de Gäälers Määrti nüd of de Rappe glueged, am Alte Silveschter. Vom Mittag aa isch er im «Säntisblick» ghocket. D Silveschterchläus zaure ghööre isch für een s Höchscht gsee! Erscht recht, wenn bi m ene Schuppel no en äägne Vewandte debii gsee isch oder eem de ee oder de ander Chlaus chorz d Hand drockt het. Wie vil ander Manne isch er em sebe Tag nüd is Bett, het döregmacht ond gege de Morge en Sidige, en oograds Mol au en Palaari, en Aff oder e Chischte heeträge.

Emol aber het er wegere Buess möse in Sack ielange. Seb het en denn gwormet. S isch jo e so gsee, dass früener s Abwasser bi de Puurehüser in Bschtöckt ie isch. Bi jedem andere Huus het s au en Chaschte möse haa vo dem Moment aa, wo sich d Lüüt de Luxus von ere Deckelschissi gleischtet hönd ond nomme veruse sönd. Vorneemer het da Abtrett, Hüsli, Läubli oder Örtli ghäässe. De Chaschte mit de Huustummi, wie mer gsäd het, isch begeert gsee als Dünger för d Wees. S het Puure kaa, die hönd e Wasserrecht degege iituuschet. S Wasser het nüz koschtet, vo dem isch mee als gnueg omme gsee. S het vil mönder golte als d Huustummi! Da het sich genderet mit de Hygienevorschrefte ond mit em Bau vo de Kanalisazio. Aber no lang hönd Puure möse zerscht mit Bschöttitrockene, denn mit hölzige Bschöttifässer, wo vo Ochse oder Ross zoge worde sönd, im Dorf go d Huustummi iisammle. Wo de Aaschluss a d Kanalisazio Pflicht worde isch, het de Gäälers Määrti e ägni

Leitig grabe. D Chöschte förs Grabe het er wöle omgoo. S isch en denn aber tüürer choo, als wenn er sich sofort a d Vorschrefte ghalte het. S wert eem gange see wie em sebe Innerrhoder, wo s z Appezell all no vezelled, er hei, wo er zueglueged hei bim Baue vo de Kanalisazionsschächt gsäd: «We het au denkt, dass s Schiisse emol tüürer wöör weder s Fresse.»
De Gäälers Määrti het glich no möse e letschti chorzi Zit of Hondwil is Altersheim. S Heewee het en drockt, aber nüd no da: S Geld, wo för so en Ufenthalt eweggot, het en graue. Er het d Aaneemlichkeite vom Bade, vo de Pfleg gnosse ond das er chli omsorgt worde isch. Deheem aber wär s wölfler. E paar Mol het er sis Huus no töre gnüüsse, de Tag dör i siner Schtobe hocke, zom efach e chli see. Er isch sogär nomol in Rank ue go böschele. Drüü lotteregi Böscheli i m e Tag! Gschämelig! Früener emol sönd s zwänzg gsee ond erscht no guet bondni. De Määrti het zom Schtee ueglueget. Debii hönd sini blaue n Auge, wo me nie gwösst het, öb s em Himmel oder em klare Wasser gliich gsiend, no mee glüüchted als sös.

Vom Fredhof uus gsiet me de Säntis. Of em Grabschtee vom Gäälers Määrti het s e Relief vom Berg, wo em alls bedütet het ond wo s ganz Lebe dör all Tag sin Begleiter gse isch.

Vo Wertschafte ond Wertslüüt

Wertsfraue mit em Herz am rechte Fleck

För mengi Manne isch de Wertshuustisch en Ort gsee, wo s hönd chönne erni Sorge loswerde. Viil Wertsfraue hönd d Rolle vome Pfarrer oder Psycholog woorgnoo, en Ufgoob, wo hützotags i Mangel a Wertschafte au e Goafföös oder e Kioskfrau wie selbverschtändlech öbernent. S het sicher au Wertslüüt kaa, wo no of eren Profit uusgsee sönd. Mee äsegi aber het s kaa mit em Herz am rechte Fleck, mengs hönd s au möse uushalte: blödi Schpröch, nüd chöne Firobed mache wege eem, wo ame Bierli ghocket isch ond nüd het wöle s Födle lopfe zom goo. Me cha fascht säge: Zom Glück isch em zwölfi Polizeischtond gsee, sös wäred s no ghocket bis zom chromme Sibezeni.

De Wertshuustisch isch au noch em Fiirobed en Tröffpunkt gsee. Dei isch me inne worde, wa lauft ond goot im Dorf oder of de Welt, dei sönd Gschäftli abghandlet worde, Sitzige, wo noch em offizielle Täl bi me Glas Wii erscht die guete Gedanke choo ond d Plän gfasst worde sönd. Nüd ome sös säd mer Wertsschtobe – e Schtobe isch, wo me sich deheem füült.

Z Urnäsch het s emol sechzg Wertschafte ka of knapp 3000 Iiwooner. Da isch aber e Wiili her. S isch z säge, das fascht jedi Wertschaft en Zweitbetrieb ka het: e Puurerei, Metzgerei, Bäckerei, en Goafföör, no früener au e Fuerhalterei. Chegelbaane het s i de «Roose», im «Baahof», im «Ruppebädli» ond i de «Sonne» gee. Wenn verhüroteti Manne e chli z vil trunke hönd, sönd s vilfach nomme gern hee. Si heied e räässi Frau. Denn hönd s di Schtarche wöle usehenke ond Witz öbers Wiibervolch gmacht. Das d Fraue memmol uusgruefe hönd, isch nüd vewonderlech gsee. Vili hönd chum gwösst, wie s Esse of de Tisch söled bringe, ond d Manne hönd s Geld vesoffe. D Fraue im Huus ond d Manne im Wertshuus! D Fraue seied nomme leiig mit ene, dromm mösed s is Wertshuus. Will d Manne all im Wertshuus hocked, sönd d Fraue nomme leiig mit ene. En Tüüfelschreis! Wenn no nüd e so vil Alkohol trunke worde wär. S isch memmol höch zue- ond hergange. Emol hönd s e Werti of de Ofe ueghöckt. Si het nomme chöne abe, ond d Manne hönd selber gwertet.

In ere Wertschaft osse a Urnäsch het en junge Porscht emol en Kafi bschtellt. D Werti het vom Ofe e Chupferbettfläsche abegholt ond dross use heisses Wasser i ne Glas mit e chli Kafipolver iegläärt. In e n anderi Wertschaf isch emol en Prediger iecho. Er het die Ommehöckler wöle bekeere: Si sötted weniger trinke ond en bessere Lebenswandel aafange. Es seied au e paar Armehüüsler debii gsee. Was s denn tue sölled, hönd s gfröget. Zom Bischpil d Bible lese oder wider emol öber d Sakerament noedenke, het de vorgschlage. «Sakerament? Da isch guet! Himmelchrüzchoge-Sakerament, Schtrools-Chogesakeramentskärli, satansvedammte Sakerements-Siech!» Jede hei d Fuuscht of de Tisch ghaue ond probiert, lüüter e Wort mit Sakerament z ruefe. De fromm Maa sei blääch worde, sei henderschi zo Tör uus ond so schnell en d Füess hönd möge trääge devoo.

Boli – en bekante Namme

S het au Glegeheitstrinker gee, wo bim Schaffe dreeglege sönd ond memmol am Wochenend oder bi me ne Fescht efach öber d Schnuer ghaue hönd. Zo dene hönd de Bolis Jock ond sin Brüeder, de Bolis Migg, ghört. De Bolis Migg het d Autonummere AR 845 ka, en Mercedes – Viertel vor nüni! Er isch bim

Chlause Vorrolli gse ond i de Blochmannschaft Vorriiter. Wiitomme het mer en kennt als guete Vechhändler ond als en, wo menge Puur, wo i Not gsee isch, onderschtötzt het. Ali sini Gschäft ond Geldgschäft het er no wie di alte Puure früener met Handschlag abgmacht. Ond da het golte! No wenn er en Uussetzer kaa het, isch er chum zom Uushalte gsee. Mee als e Mol isch er mit Fliiss in en warme Chueflade iegschtande ond mit de dreckige baare Füess is Gmendshuus ie, d Schtege n ue ond is Zimmer vom Gmendshoptme oder Gmendsschriiber tramplet. Zom Ärger vo de Frau Gmendsschriiber, wo de Teppich wider het möse botze.
  Emol z Nacht isch de Bolis Migg bim «Chrüz» is Bächli iekeit. S isch November gsee ond chalt. Er mos de Chopf aagschlage ond s Bewusstse velore ha. Am Morge hönd s en tot gfonde. De glich Tod het sind Vater kaa, de Johannes Rechsteiner vom Steenemoos. De isch of em Heeweg, wo n er of de Gmend d Geburt vo sim zwenzigschte Chend isch go melde, in en Grabe iekeit ond vefroore. Er het wele sis Lendauerli aazönde, isch usgschlipft ond vetrunke. Gfonde worde isch er erscht e paar Täg schpöter. Zwenzg Chend, elf vo der erschte ond nüü vo de zweite Frau. Wenn am Morge d Hebamme im Huus ommeglatschet sei, denn het mer chöne denke, dass s wider e Chendli gee hei, het emol eeni vo de Töchtere vezellt. Die erscht Frau isch bi de Geburt vo Drilling verblüetet. Ees vo dene het dank de Geischtesgegewart vom Vater öberlebt. Di eene sönd im Fruchtwasser vestickt. Wo da Chend als Schuelmeetli för e chlinners Gschwöschterti de Schoppe of eme Schpirituschöcherli het söle werme, hönd sini Chleider Füür gfange. De Dokter z hole wege de Vebrennige hönd s nüd vemöge.
  Nochdem de Vater gschtorbe isch, wäred di jüngere Chend – di eltere sönd scho ame Plätzli gsee – is Waisehuus choo, wenn sich d Mueter nüd vehement gweert het. Memmol isch si mit eme Böscheli onder em Arm is Dorf, zom s för näbis z

esse iiztuusche. S het jede Tag em Morge, em Mittag ond am Obed Herdepfel gee, wo s selber aapflanzt hönd. Wenn nüd di alt Frau Müller vo de Wirk- ond Schtrickwarefabrik vom Dorf ene memmol e chli Geld zuegschteckt oder en Fööfpfönder bringe loo het, wär nüd emol Brot of de Tisch cho. De Bolis Migg isch de eltscht gsee vo de zweite Frau, de Bolis Jock de Eltscht vo de ganze Famili. Er het di elterlech Heemet öbernoo ond vil Joor de Sommer dör im Obere Gerschtegschwend galpet. Os dere Famili Boli het s no mee Nochkomme z Urnäsch. D Bezeichnig Boli för d Rechschteener goot wiit zrogg. Eichmeister, Wildhüeter ond Schtrossemeischter sönd d Vorfaare gsee. De Namme Boli isch i dem Zämmehang om 1880 im Alpbuech erwäänt.

En osem gliche Schtamm, wo der Übernamme Gold-Böli ka het, isch de Johann Bartholome Rechschteiner gsee, e technischs Genii. Sis Lebe werd im Buech «Glanz und Elend eines Appenzeller Erfinders» ond au i «Findige Appenzeller und Appenzeller Erfinder» vom Hans Amann vezellt.

Dütschlers Dölf het mit Antiquitäte ghandlet, het de Lüüt Lendauerli proocht, het elee ghuuset ond emol de Salot mit Abwäschwasser gwäsche. Da het em dereweg Buuchwee gee, das er gment het, es botz en.

Vom Küenzlis Güscht, wo bim Biasotti gschaffed het, werd z Urnäsch all no vezellt. Emol het er im «Schterne» en Servela kauft, i de «Sonne» e Püürli, im «Säntisblick» e Bier ond im «Schiff» Bschteck, das er s chön esse. Henderschi hei er möse zo Tör uus. S nöchscht Mol gäng er denn henderschi ie, so chön er schneller vörschi use, het er vezellt. Wered em Militärdienscht het er im Turgi onne en Schtier losloo. För da het er möse i d Chischte.

No i de 1950er-Joore het de Turnverein vom Reschtaurant Schiff im Tal bis zom «Säntisblick» i de Zörchersmöli of de Hoptschtross Schiijöring mit Ross gmacht. Schnee of de Schtross het no zom Wenter ghört.

D Weerti vom «Säntisblick» im Tal het e bsonders Herz kaa för e so Lüüt, wo d Gaschtschtobe e Schtock Deheem bedütet het. Memmol ame Sonntig, sicher aber jedi Wienacht, sönd s vo ere zo me Gratis-Esse iiglade worde. Da het bis em zeeni tuuret. Si het nüd wöle, das die Manne de Heiligobed mönd elee vebringe. De Lienhard Seppli isch amel au debii gsee, e chliwüchsigs Mandli, wo ali im Dorf gern kaa hönd. Wenn er amel mit em Handwägeli vom Tal is Dorf glaufe isch, het er vor allne, wo em begegnet sönd, aaghalte ond Achtigschtellig aagnoo, het d Hand a d Militärmütze ghebet ond salutiert – sogär vor de Goofe, wo dem chline Maa memmol vo Wiitem entgegegschprunge sönd. E so het er sich sin Wunsch noch e chli Militär chöne uuslebe, wil er weg siner Grössi vo mönder als eme Meter vierzg nüd anechoo isch. Emol am e chalte Obed isch en Ruchwercher zo de Weerti i d Weertsschtobe iechoo: De Trullalla! Er hei de ganz Tag gschaffed ond no nütz z esse ka. Hunger hei er, aber e ke Geld. D Weerti het en ghäässe abhocke. Eren Maa hei gad en Dachs gschosse, wenn er di frisch Leber well, chön er si vegebe haa. Em Trullalla sis Gsicht het sich ufghellet. Bald isch e wärschafts Schtock Brot ond of eme Teller diä i Schmalz brötlet Lebere of em Tisch gschtande. Da chlii Gschenk döt er eere nie vegesse. Ond d Weerti het no vil Joor schpöter vezellt, si gsäch de Maa all no vor eere, wie er dankbar alls suuber zämepotzt hei!

De Blitzchog

De «Adler», e Wertschaft i de Nöchi vom Dorfplatz, het e chorzi, wechselvolli Gschicht kaa. Im Joor 1903/04 het de Johannes Lemmemeier da prächtig Huus im Jugedschtil als Wertschaft ond Metzgerei baue loo. Zwenzg Joor schpöter isch es, woorschinlech dör Brandschtiftig, völlig abebrennt. De «Adler» isch drof abe ime ganz andere Schtiil widerufbaut, aber scho 1964 abgropft worde, wil de Coop d Ligeschaft kauft ond e Filiale a dem Platz eröffnet het.

Zwüsched inne isch d Zit vom Hermann Maarti gsee. En iikaufte Schwizer sei er, het er amel gsäd i sim Schwöbeli-Dialekt. Als junge Maa isch er vo Chrumbach im Bade-Würtebergische vor em Erschte Weltchrieg usgwanderet ond of Urnäsch choo. De grossgwachse Maa het gad e chli Ufsehe erregt. D Babette Tanner vom Tal, wo scho velobt gse isch mit eme n andere ond chorz vor em Hürote gschtande n isch, het sich Hals öber Chopf i de schö Frönd veliebt ond bald drof mit em e Famili gröndet. Als Rosschnecht het er aagfange, bald isch er Pächter worde vom «Adler». En Schaffer isch er gsee, aber en Ruche, en Töörige. «Blitzchog» hönd em bald ali gsäd. Mit sinere fiine Babette, wo en Blätsch chlinner gse isch als er ond wo all schtill gwerched het, sei er gär nüd lieb gsee, hönd d Lüüt gsäd. Anderi hönd s Gegetäl bhoptet. Er sei en Ooflod, aber sini Frau hei er gern. Im Dorf het er bald en Name kaa, nüd no en Öbername. Ees vo de erschte Auto wiitomme het eem ghört, e n altertümlechs mit de Huupi verosse! Er isch Dienschtfaarer vo de Ortsweer Urnäsch worde, ond da het em pässlet. Alls isch er gfaare: Hochzite, Liichetranspört, Faarte of d Schwägalp. Mengs Chend isch s erschtmol i m ene Auto ghocket, wenn amel de Hermann Maarti am Chenderfescht di sebe Goofe, wo bi em zom z Mittagesse iiglade gse sönd, no zome Fäärtli uusgfüert het.

Au het er mit Altwaare ghandlet. Woorschinlech isch er en vo de Erschte gsee, wo de Wert vo de met Puuremolereie verzierte alti Chäschte realisiert het. Chaufe, lagere, wider vechaufe. Er isch au en Händler gsee. Blech ond Ise het er gsammlet, Altpapier os de Drockerei Schoop gholt. Alls het er i sis Auto glade, ommegfüert ond wider vechauft. Wo am 21. Juli 1944 bi de Silberplatte en Bomber abgschtürzt isch, wer isch de Schrott go zämmesammle? De Blitzchog! Sis Altwaarelager isch i m e Remise nebed em Schuelhuus Mettle gsee. Wo emol en Bueb e chli go nodere isch, het er en gad pätsch vehaue.

Sös aber het er mit de Urnäscher Juged gern diskutiert ond dene Porschte mit vil Erfolg s alt Trenteschpiil biiproocht. Wo de Schputnik im Oktober 1957 als erschte Satelit is All gschosse worde isch, het er luutschtark usgruefe, da sei doch alls veschtunke ond veloge. Me söll dene Nochrichte nüd traue. D Russe wöled de Lüüt no näbis vormache. «Glaubed nid alles, was verzellt wird!» Da chöm gär nie möglech see, das me e Raggete chöm in Moo ueschüsse. Er het no globt, wa n er het wöle, ond no da gsee, wo n er het wöle gsie.

«I wäss nitte!» isch en beliebte Usschpruch vo eem gsee. «Lueg, s get schö Wetter, d Schiibe blitzeret im Armehuus», het emol de alt Bänziger vom «Leue» zo n em gsäd. De Blitzchog het dör sini noch obe zuegschpitzt Sonnebrille glueged, wo n er fascht all aakaa het, ond gsäd: «I gsie s nitte!» Bim nöchschte Tröffe mit em Bänziger het de Blitzchog gege s Armehuus ueglueged ond gruefe: «Lugid, s get schös Wetter, d Schiibe glitzered im Armehuus!» De Alkohool ond die vile Wertschafte z Urnäsch, wo de Hermann Maarti als Adler-Weert öppe en Gegebsuech het möse mache, sönd au för en e Vesuechig gsee, wo n er nüd het chöne ond au nüd het wöle widerschtoo. Memmol isch sini Babette z Nacht eren Maa go sueche, ond mee als e Mol het si en schtockbsoffe im Schtrossegrabe ufglese ond heegfüert.

Schpöter isch s Restaurant Adler samt de dezueghörige Metzgerei vo sim Bueb, wo Metzger glernt het, öbernoo worde. Zom Betrieb het au e schöni Gartewertschaft ghört mit wackere Kaschtaniebömm. D Wertschaft het en gute Name ka. Eeni vo de beide Töchtere vom Blitzchog het si gfüert. De Hermann Maarti isch mit siner Frau i s äge Hüsli i d Au abezoge. Vil isch er im «Leue» oder im «Schterne» ghocked bi me ne Bier. Chalt het s möse see, wörkli iischaalt, sös hei er uusgruefe. Am Samschtig het er amel en Doppelschöblig bschtellt. En heisse, of eme heisse Teller. S letscht Zipfeli devoo het er iipackt ond sinere Babette heeproocht, wo alewil of en gwartet het.

Am Samschtig hei d Grossmuetter all Gerschtesoppe kochet, erinneret sich hüt e Grosschend, de Willi Martin. Mit gär nütz dren als Gerschte, Wasser ond e betzeli Salz. Die Soppe hei er amel chum abeproocht. Biilihung hei s nie of s Brot gee, no denn wenn näbert de Hueschte ka hei, ond denn en Löffel i d Milch ie. A de Wienacht hönd ali Grosschend en Föfliiber öberchoo. Da isch dozmool vil gsee. D Grossmuetter, e schuuli prings Fraueli, sei zom d Schue z bönde vor em Grossvater aneknüület. Wenn si s nüd richtig gmacht het oder nüd schnell gnueg gse isch, het er ere en Schopf gee. Memmol so en schtarche, dass si henne usekeit isch.

De Hermann Maarti isch gschtorbe, wo n er sich fertig aagläät het, zom a d Basler Moschtermess z go. Er isch vom Tisch ufgschtande ond het wöle mit de Babette zo Tör uus. Do keit er om! Nütz het sin Tod akündiget. S Eenzig, wa sich zwoo Woche vorher bi em veränderet het: S Bier het er zmol no no temperiert wöle trinke. En Blitztod isch es gsee, als wör s passe zom ene Blitzchog!

Vo Armehüüsler ond Taglööner

Im Wenter e warmi Schtobe

I vilne Gmende isch es e so gsee, das zom Bürgerheim en Landwirtschaftsbetrieb ghört het. I de Joore 1940 bis 1955 hönd s Alders, d Eltere vom Bruuchtumsmoler Ruedi Alder, s Armehuus oder Bürgerheim Chräg gfüert. Vo de Armemuetter isch fascht e Präsenz rond om d Uur velangt worde. För sechzg Lüüt z betreue ond mee, emol sönd 95 zellt worde, het si zwoo Mägd als Hilf kaa. D Bewooner, do het mer no «Insasse» gsäd, hönd möse helfe mitschaffe. Ali hönd en Ämtli ka: wäsche, ond zwor vo Hand i de Wöschchochi, im Sodhafe süüde, flicke, potze, iifüüre, i de Chochi helfe, im Garte aapflanze, jäte, s Gmües verwerte.

D Manne sönd em Armevater zuetäält gsee ond hönd of em Puurebetrieb gwerchet. S isch alls no vo Hand gmacht worde: worbe, zette, Bordene träge. Wenn s Heuwetter gee het, sönd zee bis zwölf Manne in ere schöne Reie am Maaije gsee. Maschine het s erscht schpöter gee. Au gmolche isch no vo Hand worde. Vili hönd böschelet, anderi sönd mit em Wage ond zwee Ochse im Dorf go d Förbete sammle. Im Joor 1956 het bi me Gwitter de Blitz die beide Ochse ond zwee Manne tödlech troffe. Im Wenter hönd s de Weg vo de Chräg bis abe a d Schtross möse schiffe mit eme hölzige Spetzschiff, aber au mit de Schufle.

Jede Tag isch en Maa mit ere Chrenze go Brot hole. Elf Beckereie het s no kaa im Dorf. Jedi isch en Monet lang draachoo. Die, wo em wiitschte eweg gsee isch, isch die i de Tell inne gsee. Mit eme Handwägeli isch en vo de Insasse en Monet lang bi jedem Wetter dei ie. Ond bis di nöchscht Beckerei draachoo isch, het er of dem lange Weg ie ond zrogg gad e Päärli Schue döregschlarpet. S isch jo au no drom gange, d Lüüt z beschäftige. Vier Manne hönd möse regelmässig go d Chercheglogge lüüte, da isch no nüd elektrisch gange. Em Sonntig ond bi Beerdigunge sönd s amel gad draa gsee. Wiiteri zwee hönd als Totegräber gholfe. En andere, wo me för schwäri Ärbete nüd het chöne bruuche, het Holzspessli zom Aafüüre gmacht.

Am Geburtstag hönd d Insasse amel e Schpiegelei öberchoo. A de Wienacht het s för ali e Brodworscht gee. Denn isch de gross Esssaal feschtlech deckt worde. S Joor dör hönd d Fraue ond d Manne trennt möse esse, i de Manne- ond de Fraueschtobe. Wenn au memmol de ee oder ander de Wederig kaa het, bi Alders het s allne mee oder mönder gfalle. Sü sönd guet gsee mit de Lüüt, wo ene «Vater» ond «Muetter» gsäd hönd. S isch efach zue- ond herggange, ond fascht all Tag het s Habermues gee. «Habermuesfresser» hönd Dörfler de Armehüüsler memmol gsäd. Me dar die Verhältnis nüd os hütiger Sicht aaluege. Nüd no im Armehuus, au i vilne andere Familene isch s Esse efach gsee. Fleisch isch bi de Ärmere nüd vil of de Tisch choo, ond wenn, Chümiwörscht, Chrös, Gschtell ond, wenn s guet gange isch, Chottle. Si hönd vom e Maa z Urnäsch vezellt, wo sin gröschte Wunsch s Lebe lang gse sei: e Mool för sich elee e Gottlet esse. En anderi Famili, wo im Paradiisli Richtig Höchalp ue dehem gsee isch, het en ganze Wenter lang ken Ofe kaa, no e chlises Herdli i de Chochi zom choche. De alt Ofe isch kaputt gange, ond en neue hönd s efach nüd vemöge. Zerscht hönd s möse s Geld zemechraze. D Frau ond d Chend seied amel in Chueschtall use go schloofe, das nüd ase chalt heied. De Schnee isch dei obe meterdick glege. D Armehüüsler hönd em Obed nüd möse früüre. Si hönd all e warmi Schtobe kaa.

Vo Vögel, wo im Früelig uusflüüged

Jede Herbscht, sicher aber bim erschte Schnee, het een omm de ander de Weg is Bürgerheim gfonde. Si hönd gwösst, wenn s au folge mönd ond sich aapasse, näbis z esse, e Bett ond e warmi Schtobe het s dei för ali ka. Abgwese worde isch vo de Arme-Eltere niemert. Au scho hönd s e ganzi Reie Notbett möse ufschtelle. Im Früelig, wenn d Vögel zwitschered hönd, sönd au d Armehuus-Vögel wider uusgfloge. Ond wenn emol een e chli näbis poosget het ond e paar Woche i de Schtroofaaschtalt z Gmönde het möse vebringe, so het s ghäässe, er schaffi e Wiili bim Gmönder z Tüüfe.

De Schtääg Franz, en alte, ledige Innerrhoder Puur, isch mengs Joor schpöter Bewohner vom Bürgerheim gsee. Au er isch all Tag of Urnäsch abe go poschte. «Joho, wöös globe, joho, bald uus. Joo weleweg! Chasch meene» sönd die meischte vo em ghörte Wörter gsee. Wenn s en Todesfall gee het i de Chräg, wo i de Zwüschezit zom Pflegheim worde isch, het er ommevezellt: «Isch guet, het s chöne steebe! Si isch no no im Bett glege ond het chum no nebes gmeekt. Gnötzt het s liberement nütz me, chasch mer s globe.»

Z erwääne wäred au no di vile Huusierer, wo do no vo Huus zo Huus sönd: D Tröcklichrömeri Ruete n Anne het ghunke ond isch bi jedem Wetter vo Huus zo Huus. En anderi het Biberflade vechauft, ond de Salam-Ueli, wo z Urnäsch im Waisehuus ufgwachse isch, het för d «Tuube» Fleisch ommetue. Er hei zom Glück ganz e gueti Gotte ka, het er vezellt: e Wettfrau ooni Chend mit eme ägne Hüsli. Da Hüsli het sie vor erem Tod gern em Ueli vemacht. Wil si nüd mit em vewandt gsee isch, het s no ee Möglechkeit gee: hürote! Aber no of em Papier, nütz anders! So isch de Ueli zom e Hüsli choo ond zo n ere Frau, wo glich nüd sini Frau gse isch. Wo d Gotte gschtorbe isch, het er wöle fort, s Hüsli isch em vorig gsee. Er het s vechauft. E paar Joor schpöter het er eeni kenneglernt ond het si ghürote. Jetz het er wool e Frau ka, aber e ke Hüsli me.

Möslis Hanes oder de schtarch Mösli

En bsondere Taglööner oder Glegeheitsarbeiter isch de starch Mösli gsee. Wiitomme het mer en kennt. I jedem Dorf im Henderland isch er uftaucht, ond hüt no vezellt mer di aardlechschte Gschichte öber en. Emol hei er e Rössli, wo veletzt gse sei, usgschpannt, sich selber iigschpannt ond de Wage zoge. S het au ghäässe, es sei im Rossfall e Doppelgschpann steckeblebe. Er hei da Fuerwerch elee ond ooni anderi Hilf wider zom Faare proocht.

Die, wo en no kennt oder gsee hönd, beschriibed en als dröötige Maa, nüd bsonders gross, mit ere liecht bogne Nase, enere Chraft wie en usgwachsne Muni, Tööpe wie en Bär ond Finger wie Salam. Dehem gsee isch er öberall ond niene. Vo Dorf zo Dorf isch er glaufe, vo Wertschaft zo Wertschaft. Gschloofe het er meischtens i Schtäll. Zmol isch er doo gsee. Di eene sönd veschrocke, anderi hönd Freud kaa. De Möslis Hanes, de chonnt ös gad glege. Wa de mag lopfe, lopft sös niemmer. Mer heted gad näbis för en. Er isch sicher wider emol schtier, denn packt er scho aa. Joo, för e Wiili ond velatsched wider. Bis er de Ranze gföllt het! Joho, moscht no vemöge, wa der mag fresse! Aber dreeligge chön er. Wenn er määji, mös er vorne bim Schpitz bi de Määjiseges en Korkzapfe anetue, im Fall s en emol rondomme näm. E so het s denn amel kede.

Als Bürger vo Gääs isch er i de Gmend Hondwil in ere Famili mit sibezee Goofe im Joor 1885 als Jüngschts of d Welt choo. E Schwöschter, d Babette, isch i de Nöchi vom Chrobach, im Muushäldeli, i mene chline Wönegli dehem gsee. Zo ere sei er amel, wenn er gär nüz me ka hei.

Sis Geld het er als Taglööner vedient: Er het de Puure gholfe bim Heue ond de Handwerker bi schwere Ärbete. Vo Gmende ond vom Kantoo isch er aagfrööged worde för näbis, wo Müüs pruucht het. Scho als Pörschtli, wo n er no in Preparandeunterricht isch, het er vo de Zörchersmöli zwee volli Meelseck i d Henderegg uepoggelet.

Emol isch er gfroget worde, öb er en Ächefass is Schpetzli ueträge wör. S het dobe of de Alp ke Wasser kaa. Si hönd möse Regewasser sammle förs Vech. För föfzg Franke mäch er s. Da isch zo sebere Zit vil Geld gsee. Wie n er da schwär Fass dei ueprocht het, wääss niemert me. Onder em Arm sicher nüd! Of eme Rääf, of de Achsle oder gär of em Chopf? Sicher isch, dass er s dobe abglade het. Die, wo s bschtellt hönd, sönd scho dobe gse, hönd of en gwartet. Ond jetzt hönd s wöle mit em maarte. Föfzg Franke sei scho e chli vil, öb er s nüd chönt e chli wölfler mache! Wenn si s nüd wöled zale, het de Hanes troche gment, denn träg er s gad wider abe.

Emol het er en Iseplatte, wo öber hondert Kilo gwoge het, i d Lauftegg ueproocht, en anders Mol en 160 Kilo schwere Ofe z Hondwil in e Puurehuus ue.

Wo de Schiilift z Urnäsch om 1944 baue worde isch, het s ghäässe, er hei e Kabelrolle vo 200 Kilo i d Oschteregg ueträge. Will ame Ort de Bode weich gse isch, sei er mit sine Schtefel iigsunke. E paar Manne hönd möse ane, wo en ghebet hönd, das er het chöne os de Schtefel useschlüüfe. S Gwicht het er nüd abgschtellt. Die Gschicht werd aber au em Bölere, em Johannes Fuchs os Appezell, zuegschrebe. De isch jünger gsee als de Hanes ond omm di seb Zit weleweg au no chreftiger. Die beide hönd vil mitenand im Bömmeli bim Hans Schoch, em meerfache Schwizer Meischter im Langlauf, vecheert. Er isch selber au e so en Haudege gsee. Si hönd Chees os em Bach gschuflet vo Hand ond of Wäge glade. D Schtockwendi, wo ander pruucht hönd, isch för süü öberflüssig gsee. Memmol het s au e Feschtli gee im Bömmeli. Am e Handörgeler het de

Hanes e grossi Freud kaa. Öb er s au emol well probiere? Gär nüd oogschickt het de Hanes s Inschtrument i d Hand ond zor Öberraschig vo allne ganz ordeli gschpillt. S heied aber alli Angscht kaa om d Handorgle, das er si vetrocki. Os em gliiche Grond hönd sich au vil Lüüt nüd truuet, em d Hand z gee.

Memmol isch de Möslis Hanes gruefe worde, d Schine vo de Appezeller Baa wider freizmache, will sich näbis e Raad vome Wage verkeilt het oder sös näbis im Weg gse isch. Sei wörkli memmol vorchoo, dass er e Ross ersetzt hei. Vom Möslis Hanes, em Bölere ond em Bömmeli-Schoch gäb s sicher no vil Gschichte.

Emol isch de General Guisan is Appezellerland choo ond het em Schoch zo sine Leischtige gratuliert. De Hans Schoch het e paar Tag vorher gad näbis poosget ond het söle e Schtroof abhocke. Er het si chöne veschiebe mit de Begröndig, er chön doch nüd em General Henri Guisan säge, er mös noch sim Händedrock gad wider zrog i d Chischte.

Wie de Schoch ond de Bölere het au de Möslis Hanes allpot näbis mit de Ordnigshüeter z tue kaa. Mee os bar Blödsinn als os Bosheit het er näbis domms Züüg aagschtellt. Emol het er zwee Polizischte onder de Arm gnoo ond of de Polizeiposchte proocht. Er bringi s gad wider as recht Ort zrogg. Wo an ere Urnäscher Chilbi e paar Bsoffni im «Bad», wo dozmool no e Wertschaft gsee isch, tue hönd wie d Saue ond aagfange hönd, s Inventaar veschloo, – s isch jo schprichwörtlech gsee, dass nüd Chilbi sei, wenn nüd öpe e halbs Ohr onder eme Wertshuustisch liggi, - do isch de Möslis Hanes im richtige Moment iitroffe. Er het wädli Ornig gschaffe: Zwee ond zwee het er päcklet, wie Meelseck zo Tör uusgworfe ond denn de Schlössel vo inne dreit. För da mol isch er als Retter dogschtande, nüd als de seb, wo selber in en Schtriit vewickled gsee isch.

Emol het de Möslis Hanes sechs Zementseck ofs Mol is Haumösli ueproocht. E Läätere als Träggschtell het er sich gmacht. Zwüsche di mittlere Schprosse isch er ie mit em Chopf. D Seck het er sech beidsitig uflade loo. S Gliichgwicht z halte, isch wichtig gsee. Aber of die Art het er sich of em Weg sogär e Ruepäuseli chönne gönne. Quer of zwee Escht vo me Bomm het er d Läätere abgschtellt ond isch mit em Chopf onne usegschloffe. S isch aaznee, das er de seb Bomm im Voruus scho usgläse het. Noch e so Gwaltsaaschtrengige hei mer en amel zwee bis drei Täg nomme gsee. Memmol het er of enere Wese gschlofe oder isch im e Wertshuus ghocked.

I de «Saiebrogg» isch er emol of de Tanz. Aber ke höbschi Jumpfere het er im Arm gschwunge, nee, en oowelts Schtee, wo n er i de Arme gwiegelet het. De seb Schtee het er den amel os Schpass s Tobel ab i d Urnäsch ie droolet ond nochher wider ueträäge. De Schtee get s all no i de «Saiebrogg».

Of sini Chraft het sich de Möslis Hanes chöne veloo, diä het em näbis iiprocht. Si het em gholfe, e so z lebe, wie er het wöle: ken Meischter haa, niemertem folge, sini Zit selber iitääle. Mache, wa n er will. Of een selber isch ke Velass gsee. Sini Loscht zom Werche het oogliichi Wiili ka. En Puur vom Schocheberg isch en emol ame Früelig go fröge, öber er em nüd chönt helfe. S liggi all no so vil Schnee bi em of em Weg ond oms Huus, ond er söt dringend bschötte. De Chaschte sei voll. Möslis Hanes het zuegsäd ond isch em Tag drof de ganz Morge am Schnee schufle gsee. Er isch au vörschichoo. De Handbueb vom Puur het scho s Bschöttifass grichtet. Gege di elfi het de Hanes gsäd, er hei Hunger. I de Chochi isch riichhaltig uftischet worde. De Mösli het iipackt. Wo n er gäge di halbi ees all no am habere gsee isch, het de Puur en bette, öb er nüd chönnt witermache. Möslis Hanes isch ufgschtande. För hüt hei er gnueg. De Reschte mäch er denn im Augschte.

Z Herisau i de Schmedgass isch de Hufschmid Wittwer no chorz zom Huus us, go Znüni esse. Wo n er wider zroggchont, schtoot sin Amboss of de Schtrooss ond nebed zue de Möslis Hanes. För en Föfliiber teu er en wider zrogg! De Hufschmid hei em hantli de Föfliber i d Hand trockt. S Warte, bis em näbert chäm go helfe, wär en tüürer cho. Drü Maa het s pruucht, om e deregi Amboss z lopfe. Leider isch da, wo n er gmacht het, memmol a de Grenze gsee vo dem, wa me het döre. D Lüüt hönd scho chöne öber sini Möschterli lache, s het aber au derigs gee, wo me lieber veschwige het. Aber meischtens da, wo me wett vestecke, sickeret glich näbe döre. Lang het mer gment, di seb Gschicht sei öbertrebe, obwol si die isch, wo ali vezellt hönd, wenn de Name Möslis Hanes gfalle isch. Si isch aber woor gsee, ond di seb het en näbis koschtet. För een isch es weleweg no e Schpiili gsee, wo n er sini Chraft het chöne zäge. Zwee Polizischte hönd en wöle wege näbesem vehafte. Do packt er mit jeder Hand en am Tschööpli ond hebed s bi de alte Hondwilertobelbrogg öber s Gländer uus. Anderi säged öber en Felse am Rand vo de Brogg: «Entweder lönd er mi goo ond chered mit mer i de nöchschte Wertschaft ii, oder i los eu keie.» Me getraut sich chum uuszdenke, wa het chöne passiere. Wege dem isch er denn au lenger iigschpeert worde.

Wo n er s erscht Mol of Gmönde cho isch, het er bim Iitrett gsäd: «Herr Verwalter, i ha denn e paar chech Arme!» – «Joo», het de Vewalter gsäd ond het gad en schwere Schtee is Tobel aberugele loo. Er söll de jetz gad go uehole. De Mösli het en gholt ond het gad nomol möse goo. De Vewalter het en gad noemol abedröllt. Es häässt, di enzige Polizischte, wo de Möslis Hanes of s glosed hei, seied de Polizischt Wild vo Urnäsch ond de Polizischt Waldburger vo Gääs gsee. Dene het er gfolget. De Polizischt Waldburger het emol bim Goafföör vom schtarche Mösli vezellt. Jetzt hei er doch in ere Nacht im Büeler en Doppelschpänner gschtole, hei si selber iigschpannt ond en of Gääs öber de Schtoss of Altschtette bis of Luschtenau zoge. Dei hei er en vechauft.

De Alkohol ond en oogsondi Lebeswiis hönd em Möslis Hanes mit em Elterwerde e chli zuegesetzt. Aber all no isch er de Sibisiech gsee, wo em ken Heer het möge. Das sini Chraft nomme ganz gse isch, wa vorher, het sich zerscht bi de Usduur zääget. Im Chopf het er s scho no kaa, ond weleweg het er nüd gern zuegee, dass sini Kondizio noeloo het. Am e Puur im Feld z Urnäsch isch er go helfe heue. «Mached eer nützegi Bordene!», het er zöösled ond zwää Heusääli zemebonde, e riisegi Bordi gmacht ond si zom Schtall aneträge. Dör s Tenntor ie het er no möge, aber d Heuläätere döruuf nomme. Er het d Bordi efach vor de Läätere en Bode abegworfe ond het de Blend gnoo. I de Wertschaft Winkfeld isch er emol of em Bank ghocked. En, wo henne ghocket isch, het en bette ufzschtoo, das er usechön. «Chasch mi jo of d Site trocke», het de Möslis Hanes glachet und sich am Bank ghebet. Z zweite heied si s probiert ond en glich ken Santimeter wiit vom Platz ewegproocht.

All no isch er vo Dorf zo Dorf ond het sini Schpuure henderloo: i de Schtreuihöttene, wo n er gschloofe het, i de Schtäll, wo n er ie isch, i de Hüser. «En Chranz Servele fäält, de Mösli mos doo gse see!» – «De Drüpfönder isch nomme doo. Isch de Mösli näbe omme?» – «Mösli, wotsch e Soppe?» «Danke, gern! Die läär i nüd i d Schue ie!» De Schproch, wenn mer näberem näbis aabotte het – «Danke, da läär i nüd id Schue ie» – het me vil ghört dozmool. De Mösli aber het lang nüd all Schue aakaa. Sini Füess het er efach mit Lömpe oder Tareseck ommwicklet. Im Schönegrond het s of em Polizeiposchte e Zimmerli kaa. Wenn de Mösli näbis aagschtellt het, isch er för e Nacht dei iegschperrt worde. Sicher het er denn zom Zmorge e Schtock Brot ond en warme Kafi öberchoo.

Z Herisau vor de katolische Cherche het er gäge de Herbscht zue zwee Polizischte in Bronne iegworfe. Drof abe isch er au wider i d Schtrofaaschtalt Gmönde proocht worde. Da isch em glege choo. E so isch för de Wenter uusgsorget gsee. Er het e Dach öber em Chopf kaa ond gnueg z esse. Gege de Früelig het er wider chöne uuszüche. De schtarch Mösli! Me het öber en glached, het sini Gschichte vezellt. En Unikum! Im Grond aber nie en Bööse. Sini letscht Zit isch better gsee. In ere chalte Wenternacht sönd em d Füess abgfroore. Im Schpitol z Gääs isch er am 10. Januar 1952 gschtorbe.

Vo Liebeslüüt ond Ehepäärli

Mit de Liebi isch nüd all eefach

S Zemmelebe vo Ooverhürotete isch no bis i d Mitti vom zwenzigschte Joorhondert nüd Mode gsee. Mit Finger isch of die zäged worde, wo s glich gwooged hönd, osser es heied sich Verwettweti zemmetue. Seb isch a de Tagesornig gsee, jo fascht e Pflicht. Wenn an ere Frau de Maa gschtorbe isch, het si en Biischtand öberchoo ond d Chend en Vormund, wo beschtimmt het, wo s döregot, sei s i Erzieigs- oder i Geldsache. En Maa, wo d Frau gschtorbe isch, het wädli möse om e neui uus, das er för d Chend e Muetter het. Meischtens het sich denn d Schtobe i chorze Joor oms Dopplet gföllt. D Pille het s no nüd gee, d Meetle sönd chum oder gär nüd ufkläärt worde, d Buebe hönd sich a de Natur ond a erem Trieb orientiert. Öber Sexualität isch nüd gschwätzt worde. Goofe het s glich gee ond im Dunkle au Chendsmissbruuch, wo vilfach vo de Müettere ond vo de Obrigkeit schtill toleriert worde isch. Aber seb isch en anderi, ke loschtegi Gschicht.

Hützotags cha me sich fröge, werom alls, wa mit Körperlichkeit z tue kaa het, mit eme so e grosse Tabu beläät worde isch. Weg de Religio, weg de Gsellschaft oder weg beidem? Blotti Fraue i Heftli oder am Fernsee, jo bhüet ös! S het Manne kaa, die hönd s ganz Lebe eri Frau nie nackt gsee. S isch au e Zit gsee, wo s Bade ond Dusche erscht langsam cho isch. De ääge Körper z erkunde, hönd sich vil Lüüt gär nüd getraut. Chend, wo Dökterlischpiili gmacht hönd, sönd i vilne Familene no gschtrooft worde. De Nochwuchs het me doch möse schütze! Alls, wa onderem Buchnabel isch, isch grüüsig gsee:

«Pfui! Weg mit de Finger!» Da isch sicher een Grond gsee, das vor allem jungi Fraue da Thema nüd hönd wöle aaschpreche ond au nüd aaluege.

No lang heted s jo söle bis zor Velobig oder gär bis zor Verhürotig jungfräulech see. Sicher bis i d 1950er-Joor het s sönegi kaa, wo gment hönd, vom e Kuss gäb s s en Goof. Wie vil heimlechi Ängscht weg de erschte Liebi uusgschtande worde sönd oder wenn en Porscht ennere e chli z nööch choo isch, cha me sich chum vorschtelle. Dröber schwätze hönd si lang nüd alli getraut. Ond wenn scho schwätze, wo ond bi wem? Das es för deregi Fraue nüd eefach gse isch, schpöter in ere Partnerschaft zo n ere erfüllte Sexualität z fönde, mos sich niemer wondere. Di meischte Manne sönd vechlemmt gsee. Sexualität isch i de Witz vörecho, vilfach os de onderschte Schublade.

S isch i de 1960er-Joore gsee, wo e Puurefrau in Schpitol of Herisau isch go gebääre. Erem sechsjöörige Bueb deheem het si aagee, si mös för e paar Tag fort, si geng e Chendli go chaufe. Veschteckt im Schloff obe het si s Schtobewägeli grichtet, das er joo nütz söll mörke. Da choge Possli, het si de andere Wöchnerinne vezellt, hei weleweg glich näbis gschpannet. Er sei chörzlech vor si anegschtande, hei si aaglueged ond gsäd: «Muetter, bisch du efange dick, i globe, du chonsch no näbe go chälble!»

En anderi Frau het vezellt, dass erni Muetter si emol zo de Nochpüüri gschickt hei, go Eier hole. «Mer hönd doch selber gnueg Eier», hei si gment. «Aber ösere Gügeler isch z jung, ond i ha e brüetige Henn.» Wa da bedüüti, het d Meetel wöle wösse. «Frög nüd ond gang!» D Muetter sei e chli veläge worde ond hei en roote Chopf öberchoo. Ond d Meetel het di ganz Ziit noegsinnet, nochdem d Muetter de Henne di wisse Eier vo de Nochpüüri ondergläät ond di ägne bruune weggnoo het. Öb s a de Farb liggi? Wo noch drüü Woche d Hüeli gschloffe ond mit de Gluggere go schpaziere sönd, het of de Wese de jung Gügeler kreit ond gad probiert, of e Henne uezschtiige. Do het die Meetel zmol de Zämmehang begreffe. Nüd a de Farb isch glege. A de guglete n Eier. Eri Gedanke sönd wiiter vom Gügeler zom Chäuder, zom Gässbock, zom Eber, zom Schtier ond schliesslieh zom Vater. Si isch gad au e chli veläge worde. En Maa het vezellt, er sei als Bueb i de Oberschtufe mit e paar Kollege im Schuelhuus s Schtägegländer dörabgrotsched. De Schnellscht sei er gsee, hei sich debii aber veletzt. Sini Eier heied em ase wee tue, seied rot worde, blau, grüe ond gschwolle. Er hei sich gschämmet ond hei s niemertem getraut zom säge. Schliesslech, wo n er vor Schmerz memmol d Trääne hei möse zrogghebe ond au schuuli Angscht öbercho hei, sei er zo de Muetter ond het er s wele zäge. Was er vör en oosubere Kärli sei, het s en aagschraue. Me rotschi nüd s Schtägegländer ab! Ond sis Gmächt well si scho gad gär nüd aaluege. Er chön jo zom Vater. Da hei er sich aber nüd getraut os Angscht, er chäm no ofs Födle n öber. Es sei em nütz öbrigblebe, als z warte, bis s vo selber bessert hei. Ke Wonder, het s zwüsche Maa ond Frau of dem Gebiet memmol e chli breeselet. S het aber au Lüüt kaa, wo öber so Sache ganz ookompliziert hönd chöne schwätze. Da zägt en Usschproch vonere junge ledige Püüri: «I ha scho menge e chli nöch anechoo loo, aber zueloo ha n i bis jetz no kenn!»

Gschedni Lüüt, vor alem Fraue, sönd no lang schreg aaglueged worde. So isch me als Ehepaar halt efach binenand blebe ond memmol glich trennti Weg gange. De Schii gege use isch e so gwaart blebe. Vo m ene Urnäscher, wo im Militär en höche Poschte bekleidet het, isch vezellt worde, er essi jede Tag mit Tischtuech ond Serviette ällee i de Schtobe inne. Wenn er mit de Tischglogge lüüti, mös em sini Frau s Esse bringe. Deregi Manne hei s im Appezellerland zo n ere gwössne Zit no mee kaa. Weniger bi Puurelüüt als bi de Herre. Anderi hönd gschtrette ond sich wider vesöönt. Me isch jo nüd no e Liebespaar gsee, me het zeme Chend kaa ond e gmesami Ufgoob.

Me mos au säge, das es woorschinlech hützotag in ere Wonig, wo me so nöch ofenand lebt, ebe so schwirig cha see, e gueti Partnerschaft z füere wie früener. D Manne sönd jedes Joor in Dienscht, anderi sönd de Sommer dör of d Alp oder sös fort go schaffe ond e so e Zitlang fortgsee. Me isch jo no nüd so mobil gsee. D Luise Alder vom Schtrüüsler, d Frau vom Ueli, het emol am Radio e Sendig ghört, wo eeni gsäd het, alli Fraue, wo no nüd gschede seied, sötted enard schläunigscht eren Maa veloo. «Hesch ghört, Ueli», het si gruefe, «i het au memmol Grond kaa zom velaufe, wo n i alli Ärbet i Huus ond Schtall elee ha möse mache, wenn du weg de Musig fort gsee ond vo andere Fraue aaghimmlet worde bisch!» De Ueli het glachet ond liebevoll gment: «Hesch Recht! Zom Glück bisch nüd gange. Ond jetzt, wo mer beidi alt sönd, loont sich s jo au nomme.»

De Leberezwerg ond sini Frau

E chli ardlecher chiits s vomene andere Ehepäärli. Er isch i de Gerschterüüti ufgwachse ond schpöter i de Gass deheem gsee. «Leberezwerg» hönd s em gsäd. Mit sinere Frau het er all gschtrette. Wenn si Pflanze kauft het, zom im Garte iesetze, het er s ere mit Fliss a d Sonn gläd. Isch er näbis am Schäffele gsee, het si em s Werchzüüg veschteckt. Da isch em veläädet. Ame Tag, wo e Gwitter im Aazog gse isch, het er Schwarzpolver in Herd ietue. Wenn d Frau denn aafüüri, het er weleweg denkt, ond wenn s explodieri, wör s efach uusgsie, als öb de Blitz iigschlage het. Aber oha. D Frau isch, noch dem si mit em Zöndhölzli s Chres zom Brenne proocht het, in Cheller abe, go näbis hole. Ere het s nüz gmacht, wo s mit eme Gwaltschlapf de Ofe vejagt het. S isch bald uuschoo, das nüd de Blitz tschold gsee isch. Wo er e Wiili lang versorged worde isch, sei si en fliisig go bsueche. Ond wo si schpöter in Schpitol hei möse, sei er all Tag mit em Zögli zo n ere. E dereweg hönd s enand gfäält.

D Lisette Schwizer ond de Dörig sönd au e loschtigs Päärli gsee, nüd verhürotet, aber wered vilne Joor zeme. Si isch e Liebi gsee, eer en böse Hagel, wo allne, wo am Huus vebii sönd, mit de Meschtgable noegschprunge isch. Wenn er het söle s Geld vo de AHV bi de Poscht go abhole, isch er nomme hee, bis er s vebotzt kaa het, memmol drü Täg lang nomme. D Lisette het vorher lang i de Zwirnerei Nef gschaffet, bevor si mit em Dörig i de Fetzere henne puuret het. S mos gföechelig uusgee ha bi dene. Gschloofe hönd s of em baare Bettgschtell mit e paar Woledeckene. D Henne sönd i de Chochi ii ond uus. Im Schtall isch nie gmeschtet worde. D Gääse sönd so höch im Mescht gschtande, das fascht a de Tili obe aachoo sönd. Isch all daa, dei obe isch am wermschte gsee. D Chlaue sönd ene nie gschnette worde. Schliesslech het de Tierschutz möse iigriiffe.

Es mos näbis om 1965 omme gse see, wo de Dörig en Unfall kaa het. S broche Bee het er mit Schtecke gschinet, Lömpe dromm gwicklet ond selber näbis e Holzgschtell gmacht, das er cha laufe. De doozmolig Urnäscher Dokter, Guschtav Irniger, het de Maa gseä of de Schtross, wo n er mit em Auto onderwegs gse isch. Öb er wöll mitfaare? Nee! Er teu en doch schnell hee. S Laufe gäng sicher nüd guet. De Dokter het d Tör uftue. Zerscht het si de Dörig gschträubt, isch denn aber doch iigschtege. Sis Bee gsech aber nüd guet us, öb er nüd zom Dokter hei wöle. «Nee», het de Dörig gsäd. «Diä Dökter sönd doch alli ken Fööfer wert.»

Bim alte Guschtav sim Soon, em Walter Irniger, isch de Dörig en guete Chond worde. Wegem e Arm, wo n er bi m ene Schtriit i de «Rose» i de Tell broche het. Am Firobed isch er all i d Praxis cho. Denn isch er im «Schädweg» ghocked bis noch de Polizeischtond ond het nochene bim Dokterhuus glüütet. Öb er en nüd chön heetue. De Walter Irniger het en e paar Mol

83

heegfaare, het denn aber gsäd, da chöni er nomme, er hei no ander Paziente. Wo de Dörig glich noemol choo isch, het en de Dokter ghäässe, im Röntgezimmerli z schlofe. Vo do aa het er Rue kaa. Wo d Lisette achzgi gsee isch, het ere de Gmendschriiber en Pack mit Esswaare proocht ond en Schtruuss Blueme. D Lisette isch gad verosse am Schitte gsee, ond si het sich ase gfreut. No nie im Lebe hei ere näbert Blueme gschenkt. No nie! Si het s Bieli ewegglääd, het d Blueme ghebet, gschtraalet mit em ganze Gsicht, het s a sich anetrockt, feschter ond feschter, ees ober s andermol, bis d Schtiil broche sönd ond de ganz Schtruuss ossenandkeit isch. I dere Zit het de Dörig de Pack mit de Essware gnoo, isch veschwunde ond di nöchscht Zit nomme vörechoo.

D Josy Glaser ond de Ernscht Schoop

E Liebespaar sönd s emol gsee. Si isch im «Ochse» z Urnäsch ufgwachse, er z Herisau i de ondere Fabrik. Si isch e grossi, schöni Frau gsee, er sicher en Chopf chliner, devör erber temperamentvoll. S het niemer gee osser de Josy Glaser, wo em Ernst Schoop Greber Göres gsäd het. Wa da söll bedüüte, het niemert gwösst, isch niemert inne worde, ond chum näbert het en onder dem Name kennt. «Wa macht de Greber Göres?» Da isch e Froog gsee, wo d Josy no als alti Frau Vewandte vom Ernscht Schoop gschtellt het, wenn sie s aatroffe het. «Wa macht er? Wie goot s em?» Gschwätzt hönd s wäred Joore nomme mitenand. Wie lang scho, do dröber isch gschwege worde. S isch no bekannt gsee, das d Teller-Eva vezellt het, das am Hoostig vom Ernscht Schoop mit de Emma Zuberbüeler em 14. Okotber 1926 d Josy Glaser de ganz Tag hei möse blaare. De Ernscht Schoop het im Joor 1923 z Urnäsch e chlinni Drockerei uftue i de Rüüm vo de ehemoolige Schtickerei vom

Konrad Zuberbüeler, sim schpötere Schwigervater. Im gliiche Huus het de Alfred Zuberbüeler, sin schpötere Schwoger, e Papiersackproduktion kaa, au Papier för Metzger ond för Gschenkpapier, wo de Jakob Nef, de Ballonjock, betrebe het. A sim 31. Geburtstag am 9. Dezember 1929 het de Ernscht Schoop de ganz Gebäudetrakt kauft ond d Drockerei vegrösseret. Er isch glernte Schreftsetzer gsee ond het z Leipzig s Drucktechnikum gmacht. Z Urnäsch het er sich i d Josy Glaser vom «Ochse» veliebt. Süü hönd wöle hürote. Aber eri Eltere hönd abgwunke: Chont nüd i Froog. Si sönd katolisch gsee. En Reformierte! Nieemools! Dozmool hönd d Eltere no näbis z säge kaa. Schloo der s os em Chopf! Da Paar het sich heimlech troffe, het sich gschrebe, het kämpft. Vegebe! S het alls nüz gnötzt. Wenn d Josy wiiterhii zo de äägne Famili het wöle ghöre, het si möse folge. Öb s ächt au no en andere Grond gee het als de veschide Globe? Glasers, wo de «Ochse» 1897 öbernoo hönd, sönd e chli besseri Lüüt gse. Vo de Schoope vo de ondere Fabrik z Herisau het s nüd all e so luuter kede.

De Vater, de alt Ernscht Schoop, gebore 1875, isch zwor i junge Joore de bescht Velofaarer wiit ommenand gsee, het öberall Frauegschichte, aber no mee Schlegereie kaa. Er isch Kondiktör gsee bi de Appezeller Baane. En guete Poschte als Baahofvorschtand im Fricktal het er wege sim wilde Tue veloore. Au z Herisau het er allpot e Chlag am Hals kaa, will er wider en zämeghaue het. D Babette, sini Frau, isch memmol am End vo de Woche zom Direkter vo de Baan go bettle, öb si nüd s Zaltagsäckli vom Maa chönnt ha, damit si z Esse chön chaufe för eri Famili, bevor s Geld weggäng för Schmerzesgelder. Si het alls tue, om d Famili dörezfuettere. Gmües, Herdepfel ond Beier het s im Garte gee. Da het aber nüd glanged för diä hungrige Müüler. I d Pfanne isch alls cho: Hönd, Chatze, Meersäuli, wo s zöchtet hönd, Chräije ond Spatze, wo s gschosse hönd, oder Fisch, wo s vo Hand im Bach gfange hönd. De alt Schoop isch en guete Schötz gsee. No mit öber sechzge het er zwee Karabiner vorne am Lauf ghebet ond sitwärts mit gschtreckte Arme möge usehebe. Ke Wonder, het er si gern mit Möslis Hanes im Hoselöpfle gmesse.

Wo s Ueli-Rotach-Denkmol, wo im Joor 1905 gschaffe worde isch, mit de Appezeller Baan ond denn mit eme Wage, zoge vo starche Ochse, zom Roothuus z Appezell gfaare und ufzoge worde isch, het de Ernscht Schoop bim Uflade a vorderschter Front mitaapackt. Wo n er wider z Herisau aachoo isch, vechonnt em de Möslis Hanes. Jetzt hei er gad tööre s Ueli-Rootach-Denkmol of Appezell bringe, het de Schoop nüd ooni e chli Brällele gsäd. «Wa, Ueli Rotach?», het de Hanes, wo gad en Sidige binenand kaa het, gschpöttled, «i bi en Ueli Rotach, du bisch no en Zueglauffne!» Do sönd di beide wie Güggel ofenand los ond of em Baagleis glandet. De Hanes het mee Chraft kaa, de Schoop isch flingger gsee. S Zögli het scho pfeffe ond aagfange faare. De Schoop isch ufgjockt. «Alle Billette vorweisen!», het er gruefe ond sini Bäänleerhose abpotzt, nüd ooni no en Blick of de Hanes verosse z werfe, wo gad ufgschtande isch.

E Woche schpöter hönd die beide i gueter Zemenärbet i de «Schafräti» en Hamburger Zimmermaa vemöblet. Daamol hönd s de Schtriit nüd aazettlet. De Maa het e Schtange i de Hand kaa ond usgruefe: «Den nächsten, der zur Türe hereinkommt, erschlag ich.» Seb isch dene beide gad recht choo. S het s aber näbis koscht. De Schoop het för die Gschicht wider emol mee als en halbe Wocheloo möse liggeloo. No als alte Maa isch er am e Tag mit eme vechrazete Grend ond eme veropfte Hemp heechoo. Sini Auge aber hönd glüüchtet. Er hei gad no de Möslis Hanes troffe. Ond si beidi heied s nomel wöle wösse!

Zrogg zom junge Ernscht Schoop: Wo n er d Josy Glaser nüd öberchoo het, isch er of d Suechi noch ere andere Frau. I de Emma Zuberbüeler, de Töchter vom ehemolige Gmendshopme ond Oberrichter Konrad Zuberbüeler, het er di richtig gfonde. Eren Brüeder, de Alfred, het d Kantonalbank gfüert. E gueti Partie för en junge Ondernemer.

Aber am Tag noch em Hoostig isch de Ernscht Schoop scho wider vor de Tör vo de Josy Glaser gschtande. De Schoop het ke Gheimnis gmacht vo dem, wa n er tue het. S het Lüüt kaa, wo s begreffe hönd, anderi nüd. Of de eene Siite e rassegi Frau, of de andere e liebi Ehefrau, wo erem Maa alls gee het osser seb, wo er als sinnliche Maa begeert het. D Emma ond de Ernscht Schoop hönd s trotz allem guete kaa mitenand. Si isch em e treui Frau gsee, het em d Buechhaltig gmacht ond för d Arbeiter jedi Woche d Zaltagssäckli grichtet. Au össerlech het da Päärli guet zemmepasst. Chend hönd s ke kaa.

No als alti Frau het si amel vezellt: «Tuusig ie, isch es früener doch no andersch gsee. D Goofe hönd möse folge, ond d Lüüt hönd möse werche. Ond d Fraue erscht: jede Monet d Wösch vo Hand wäsche ond im Sodhafe süüde. Aber i mos säge, i ha all e Wöschfrau kaa. De Ernscht het s nüd wöle a de Reed haa, das i mi mösst öbertue. Aber denn s Bögle! I ha nüd e so schö chöne bögle, drom ha n i all e Bögleri kaa. Aber s Potze, wenn de Chemifeger Fässler choo isch! De Dreck! Aber i mos scho säge, i ha all e Botzeri kaa. För da het de Ernscht scho glueget.»

Os em Ernscht isch en erfolgriiche Gschäftsmaa worde. Er isch en rechtsgschtüürete Jaguar gfaare, ond me het chöne meene, en Auto ooni Faarer chäm deeher. Erscht bim noemol Aneluege het me de chlii Maa mit em graue Huet gseä. Jedi Woche isch er of Zöri abe, go Ufträg hole. Urnäsch isch i dere Zit e chli in ere Fase vom e Ufschwung gsee. De Giovanni Blaas os em Onderengadin het mit eme Kompanio e Garasch uftue. De Blaas het Auto gflickt, de ander Faarschtonde gee. Allerdings isch de ander noch wenige Joor wider uuszoge.

Emol isch de Giovanni Blaas mit em Ernscht Schoop i de «Tuube» ghöcklet. «Du kennsch di doch uus z Zöri, i söt diäe go sueche, wo emol z Urnäsch serviert het. Si scholdet mer all no d Faarschtonde ond en Tääl vom Auto, wo si kauft het.» E

Woche schpöter isch de Schoop nüd mit em Jaguar, devör als Mitfaarer im Auto vom Blaas of Zöri abe. Die Serviertöchter hönd s bald im e Reschtaurant gfonde. Fründlech isch si of d Manne zue, wo si os erner Urnäscher Zit kennt het. Noch eme guete Esse hönd die beide di jung Frau bette, sich bime Käfeli zo ene z setze. De Giovanni Blaas het sis Aalige vorproocht i sim schöne Bündnerdialekt. Es sig doch scho zimli lang här ond sei no en waggere Betrag offe. «I ond näbis scholdig?» Die Frau het schallend glached ond dem guetmüetige Blaas d Hand of d Achsle gläät: «Mini Schold ha n i dim Kompanio scho lang i Liebesschtonde zalt.» De Giovanni het möse leerschlugge, er het fascht d Welt nüd veschtande. De Schoop het gschmunzlet: Frauegschichte! Liebesgschichte. Wer da nüd cha veschtoo!

D Josy het gern puuret, drom het de Schoop 1941 d Farnebni wäge ere kauft. D Landwertschaft isch em eneweg am Herz glege. En äägne Puurebetrieb isch sin Wunsch gsee. 1959 het er d Gerschterüti, schpöter de Schtillert ond d Alp Hölzli erworbe. Er isch Mitglied gsee bim Puureveband ond bim Landwertschaftliche Verein. För d Gerschterüti het er en Chnecht gsuecht. Er het alls aagschafft, was s för en Puurebetrieb pruucht. Au Chüe. Wenn s oms Heue gange isch, hönd di Aagschtellte vo de Drockerei, wo s hönd chöne, amel möse go helfe worbe, mädle ond reche.

Em Schoop de Brüeder, de Walter, wo au en Urnäscheri zor Frau kaa het, isch bim Ernscht als Drocker aagschtellt gsee, bevor er schpöter selber e Drockerei z Herisau uftue het.

De ander Brüeder, de Paul, het a de Baanhofschtross z Herisau e Velo-, Töffli- und Nääijmaschinegschäft gfüert. Bekannt gsee isch er au wäge sim Bernardiner: «Chomm do ane, du choge Läferi, chomm do ane! Wa? Nüd? Denn mach, wa d wotsch!» I junge Joore isch er, wie sin Vater, Velorenne gfaare. Jedes Joor isch er a d Zörimetzgete, vo Herisau us mit em Velo noch Örlike, het sini Rondene gmacht ond isch denn, chum emol ooni Chranz, wider hee. No lieber isch er mit em Töff ond em Sitewage onderwegs gsee. Sini Frau isch junge als eeni vo de erschte Fraue i de Schwiiz Töffrenne gfaare: Rinegg–Walzehuuse, s Hemberg-Renne ond anderi. Si isch e fiini, ordelegi Frau gsee, ond uusgschproche gerecht. S baar Gegetääl vo de Schwiegermueter, de Babette. Wo de Paul Schoop siner Mueter gsäd het, er wöll hürote, sini Fründin sei Chöchi, het si gsääd: «Wa du z choche hesch, cha eeni no lang.» Debi het di jung Frau e gueti Uusbildig im Welsche gnosse, het e Chochbuech gschrebe öber «Einfache und bessere Küche». Da het si bi erem zuekünftige Schwoger, em Ernscht Schoop, z Urnäsch drocke loo ond isch denn mit em Töff of d Reis go s vechaufe. No hüt get s i mengem Appezellerhuus da Chochbuech vo de Trudi Joscht. Eren Vater, en Berner, isch e paar Joor Chäser gsee z Russland, bevor er of Herisau choo isch. Eri Muetter isch en Engler gsee os Urnäsch, wo z Herisau ufgwachse isch. Dass si choche cha, het denn d Schwigermuetter bald gmerkt. Wo chorz vor de Wienacht en junge Taggel öberfaare worde isch, het diä gweerig Alt de Hond ghüütet, uusgnoo ond mit eme Tomätli ond eme Schtrüüssli Peterli veziert. E so schö zweggrichtet of ere Platte ond präpariert zom Choche het si da Höndli de jungverhürotete Schwiegertochter als Wienachtsgschenk gee.

De Bueb vom Paul ond de Trudi Schoop-Joscht, ebefalls mit em Name Paul, het schpöter vom Ernst Schoop z Urnäsch d Drockerei öbernoo. Wo n er als junge Maa – er isch fööf Joor zor See gfaare – sini Grossmueter Babette isch go bsueche, het si de bärtig Maa aaglueged ond gsäd: «I bi jetz efang en alti Chue, aber di neem i no nüüd.» Do isch sini Urnäscher Grossmuetter, Katharina Joscht-Engler, scho herzlecher gsee.

De Paul Schoop junior het mengi Feeri bi de Josy i de Farnebni veproocht. Er hei bi ere aapacke glernt, da het er memmol vezellt. Joo, d Josy! D Lüüt mos me schwätze loo ond d Chüe chälble. Memmol mos mer halt näbis e Wiili haa, bis en anderi

Sau dörs Dorf lauft. Emol ame schöne Morge früe, wo d Vögel gad aagfange hönd pfiife, isch de Ernscht Schoop z Fuess öber de Henderberg i d Farnebni ue. Tägg, tägg het s Handschtöckli bi jedem Schrett gmacht. Sis Herz het weleweg gjuchzet. De Josy het er wöle e Morgebsüechli mache. Doch wo er ordeli a d Schloofzimmertör chlöpfled – nee, da tar nüd woor se! Enard dörft mer d Gschicht jetzt nomme witervezelle! Aber gwösst hönd s dozmol glich alli: D Josy isch nüd elee im Bett gsee. De Schlag, weleweg de schwerscht im Lebe vom Ernscht Schoop, isch gsesse. Er het en nüd chöne vedaue. Sini Josy, e Gschleipf mit em Chnecht Emil. Er het ke Freud me kaa a de Farnebni. Im Joor 1955 het er si vechauft.

D Josy Glaser het d Wertschaft zur frohen Aussicht mit em Schpezereilädeli im Bindli öbernoo, ond isch bi allne Lüüt e beliebti Werti worde. De Emil het chöne s Heemetli Elme bim Elmerank chaufe. Jede Firobed isch er im Bindli ghocket ond isch Josys Fründ blebe. Spöter isch si zo eem uezoge. Wie e guets Ehepäärli hönd s vil Joor bis zo erem Tod zemeglebt. Aber no als alti Frau het d Josy jede Sonntig zom Schtobefeeschter uus mit em Feldschtecher in Stillert öbereglueget. Dei het de Ernscht Schoop mit de Frida Zöpfel, sinere om 26 Joor jüngere Fründin, jedi frei Schtond veproocht. Si isch z Urnäsch ufgwachse ond isch als jungi Frau i d Drockerei go schaffe. Da isch eri Lebesschtell worde. Als unersetzlechi Chraft het si sich im Betrieb ond im Büro iigsetzt. Eri Poschtur het a die vo de Josy Glaser erinneret.

«Di säb Zöpfel hocked wider bi em, di säb Zöpfel! Hesch ghört, Emil?» Ond de Emil, wo e Schlöfli gmacht het off em Kanapee, het «Jo, i wääss!» gmurmlet. Ond am andere Tag het d Josy de inzwüsche alte Frau Emma Schoop Biilihung ond Eier proocht. Zo de Frau vom junge Paul Schoop aber het sie gsäd: «Wa macht de Greber Göres? Chan er nüd see ooni die Zöpfel? Ond wa macht din Maa? Choch em nüd z vil Eier! Wäsch, i kenne die Schoope!»

Näbed de Drockerei isch d Landi baue ond 1975 eröffnet worde. Im Vooruus bi de Planig het de Ernscht Schoop, scho öber sibezig, em Präsident vom Landwirtschaftliche Verein, em Ueli Frick vom Waisehuus, gschrebe, dä Silo, wo s baued, sei z gross. E so vil Geld z inveschtiere, looni si nüd. Er tretti os em Verein uus. Sicher het er sich nie chöne vorstelle, dass d Landi sini Drockeri öberlebe wör. Au am sebe Firmefescht mit rond 200 Lüüt of de Schwägalp, wo n er os de Zigareschachtle de billigscht Schtompe useklobe ond d Serviertochter em zuegflüschteret het: «I nääm en tüürere, wössed Si, de alt Schoop zalt alls», het er s nüd globt. Er de Seniorchef, all no de Besitzer vom ganze Betrieb, het schtill vor sich heeglächlet ond sis Lieblingsschtömpli aazönt.

I de Drockbranche isch es wie i de Textilbranche wertschaftlech bedingt abwärtsgange. I de Rüüm, wo no vor wenige Joorzeent d Heidelberger Maschine hochwertigi Drocksache hergschtellt hönd, sönd Wonige baue worde.

De Ernscht Schoop het da nomme erlebt. För en het i de letschte Lebesjoore de Schtillert, wo n er sich so gern ufghalte het, no mee a Bedütig gwonne. «Da Schtöckli Bode ghört mi. Vo doo bis in Himmel ue!» Wo n er chrank im Schpitol glege isch, het er sich Wasser vom Schtillert zom Trinke gwünscht. Of sim Totebett het er de Ehering abzoge ond de Emma, sinere Frau, gee. Denn het er de Sigelring vo sim Finger gnoo ond de Frida Zöpfel i d Hand gläät. Si isch em wered vilne Joor e gueti Fründin ond e treui Schtötze gsee. Zerscht im Gschäft, denn schpöter au privat ond bsonders im Alter, wo n er chrank worde isch. Si het sich om d Emma, sini Frau kümmeret, zo dere si allewil, fascht mit e chli Eerfurcht «Frau Schoop» gsäd het. Ond d Josy Glaser? De Ernscht het ere testamentarisch näbis henderloo – en alti Schold zroggzalt. De Greber Göres het sini gross Liebi nüd vegesse.

Menschen sind wie Bäume

Wir meinen manchmal, wir dürften kein gebücktes und krummes Bäumchen wachsen lassen. Dabei sind es gern die ungeraden Gestalten, die an den unmöglichsten Orten Wurzeln schlagen und die eine Gegend prägen. Die Umgebung hat einen Einfluss auf die Menschen. Auch die Arbeit, die sie verrichten, prägt ihr Wesen. Es ist noch nicht lange her, dass die Leute bei uns so gelebt haben, wie es hier beschrieben wird. Die meisten mussten sparen, vor allem die älteren. Erst die Technik, die neuen Medien und die AHV (staatliche Altersvorsorge: Alters-und Hinterbliebenenversicherung), die 1949 erstmals ausbezahlt wurde, haben die Situation verbessert. Viel hat sich in knapp hundert Jahren verändert. Kann man überhaupt aus heutiger Sicht das Handeln unserer Vorfahren begreifen? Lohnt es sich, einen Blick zurückzuwerfen? Soll die alte Zeit nochmals aufleben? Jeder Mensch, der stirbt, nimmt ein Stück Erleben mit, das einmalig gewesen ist. Darf man, worüber früher im Dorf offen geredet wurde, nacherzählen, oder würde man es besser auf sich beruhen lassen? Nicht alles kann zur Nachahmung empfohlen werden.

Ich gehöre noch zu jener Generation, die als Kind weder Radio noch Fernseher kannten. Dafür hat man uns von den Grosseltern, Verwandten, Bekannten und den Ereignissen im Dorf erzählt. Einige dieser Geschichten habe ich hier aufgeschrieben. Obwohl ich nicht in Urnäsch aufgewachsen bin, habe ich viel erfahren, weil ich den Menschen zugehört habe. Man sagt, in Urnäsch habe es zweierlei Leute gegeben: die aus dem Tal (Ortsteil von Urnäsch Richtung Schwägalp) und die aus dem Dorf, jene, die einander Du, und jene, die einander

Sie gesagt haben, vornehme und einfache, solche, die ordentlich und anständig geredet haben, und solche mit einer rauen Sprache; solche, die den Brauch des Silvesterchlausens liebten, und solche, die dem Chlausen nichts abgewinnen konnten. Dem Wetter und dem Säntis waren alle verbunden. Und das ist heute noch so.

Zum Titelbild von Amelia Magro: Ein zufriedenes Pärchen schaut aus dem Fenster: Er hat das Lindauerli (Tabakpfeife) im Mund; sie lacht. Niemand würde vermuten, dass dieses Bild von Emma Nabulon und dem Buchen-Jakob einem Zufall zu verdanken ist. Vor Jahren nahm ich die Fotografin Amelia Magro (1937-2003) zu Emma Nabulon mit. Jöckli (Verkleinerungsform von Jakob), der mit seinen krummen Beinen fast jeden Tag an unserem Haus vorbeigegangen war und sein fröhliches «Buhuii» gejauchzt hatte, bat ich mitzukommen. «Zu Emma? Warum nicht.» Ich nahm Wein, einen Laib Brot, Speck, Pantli, Käse und Kuchen mit. Bald sassen wir zu viert in Emmas einfacher Küche. Zuerst wollte kein Gespräch zustandekommen. Langsam aber löste der Wein die Spannung. Die beiden hätten nicht gemerkt, wenn der Fotoapparat «klick» gemacht hätte. Amelia Magro hatte die Eigenart, die Leute nicht merken zu lassen, wenn sie sie fotografierte. Als wir uns verabschiedeten, fragte ich Jöckli, ob er mit uns zurückfahren wolle. «Ich bleibe noch etwas bei Emma», sagte er mit einem verschmitzten Lächeln und gab ihr mit dem Ellenbogen einen Stups. «Gell, wenn die gegangen sind, spielen wir noch etwas blinde Kuh!» Emma kicherte wie ein Schulmädchen. Ihre Wangen waren nicht nur vom Wein rot. Ihre Augen leuchteten. Wir waren schon ein paar Schritte vom Haus entfernt, da ertönte ein Jauchzer von Jöckli, wir schauten zurück. Die zwei schauten aus dem Stubenfenster. Ich winkte ihnen zu. Amelia bat mich, die beiden etwas hinzuhalten. Sie holte ihre Kamera wieder hervor und schuf eines ihrer bedeutendsten Bilder. *Esther Ferrari*

Von Frauen, die wissen, was sie wollen

Emma Nabulon, genannt Huenze n Emme

«Man nannte sie Huenze n Emme», schrieb der Urnäscher Chronist Hans Hürlemann im Nachruf auf Emma Nabulon in der Appenzeller Zeitung. Ein Nachruf auf diese einfache Frau berührte viele Leute im Dorf. Alle kannten sie, die eigenwillige, altmodisch gekleidete Frau, auch alle Kinder und alle Schüler. Die einen fürchteten sie, andere stritten mit ihr, lachten über sie oder plauderten friedlich mit ihr. Sie war eine Persönlichkeit. «Huenze n Emme» wurde auf ihren Grabstein gemeisselt, daneben eine Huenze (Holzgestell, an das das Heu büschelweise zum Trocknen aufgehängt wurde).

Unter der Strasse, gegenüber des Schulhauses Mettlen, hatte sie ihren kleinen Bauernhof, wo sie die Landwirtschaft betrieb wie vor hundert Jahren. Kein Grashalm ging verloren, keine Handvoll Heu. Jeder Zaunpfahl war sauber ausgemäht, jedes Bord gerecht. Wenn sie die Huenzen aufstellte und mit Heu belud, wusste man, dass die Sonne allein das Heu nicht zu trocknen vermochte. Man musste etwas tun dafür. Sie trug zum Boden mehr Sorge als zu sich selbst. Sie habe noch richtige Heublumen, das sei ein Zeichen für einen gesunden Boden. Und dass das einen Wert habe, würden die Leute dann schon wieder einmal merken. Heutzutage werde das Gras zu früh geschnitten, deshalb könnten sich die Blumen nicht mehr versamen. Man sollte nicht mähen, bevor der Habermark (Wiesen-Bocksbart) blühe.

Kürzlich habe eine Frau sie um Heublumen gebeten. Für ein Bad! Sie habe laut herausgelacht. Ja, für ein Bad, man könne sie natürlich auch dafür verwenden. Sie brauche sie als Futter und Einstreu. Das tue den Kühen gut. Sie seien weniger krank und brauchten nicht ständig den Tierarzt.

Sie hielt sich streng an die alten überlieferten Bauernregeln. Am 10000 Rittertag (22. Juni) müsse man das Unkraut ausziehen, dann wachse es dieses Jahr nicht mehr nach. Am alten Maien sollte man für den Notfall noch etwas Heu auf dem Heustock haben. (Der alte Mai ist der 13. Mai nach dem gregorianischen Kalender).

Überdüngt wurde ihr Boden nicht. Mit der Mistgabel verteilte sie den Mist, manchmal mit blossen Händen. Die Gülle fuhr sie mit einer speziellen Schubkarre auf die Wiese und verteilte sie mit dem Güllenschöpfer – barfuss und mit dem gleichen Rock und derselben Schürze, die sie auch im Haus trug. Sie band sich einfach einen Jutesack um den Bauch.

Kein Stall war so sauber wie der von Emma. Jedes Jahr fegte sie ihn wie auch die Jauchegrube von Hand auf den Knien mit Fegbürste und Schmierseife. Auch die Wände. Die losen Bretter trug sie hinaus und putzte sie am Brunnen. Man hätte im ganzen Stall in jeder Ecke eine Tasse Sahne auf dem Boden ausleeren und ohne Bedenken auflecken können. Nirgends Schmutz oder Spinnweben.

Bei sich selber war sie bedeutend weniger genau, vor allem in späteren Jahren. Man wusste nie, ob sie Strümpfe trug oder ob ihre Beine vom Mist und Nicht-Waschen so braun waren. Kleider trug sie über Jahrzehnte dieselben. Mit ihren ausgelatschten Schuhen hätte ein anderer Mensch kaum gehen können. Ihr war es wohl darin. Als ein paar Schulkinder für eine Theateraufführung altertümliche Schuhe suchten, fragten sie auch Emma. Was? Alte Schuhe? Das habe sie schon. Ein Paar sei ganz zerlöchert. Das sei genau richtig, antworteten die Kinder. Aber Emma winkte ab. Nein, die könne sie nicht geben, die brauche sie noch.

Mit den Schulkindern hatte Emma das Heu nicht immer

auf der gleichen Bühne. Sie wurde fuchsteufelswild, wenn die Kinder durchs Gras rannten oder die Wiese mit Papierfetzen und Abfall verschmutzten. Sie konnte laut schimpfen. Mit dem Resultat, dass sie oft gehänselt wurde. Es kam auch vor, dass die Räder ihres Handwägelchens zusammengebunden wurden. Wenn sie anfahren wollte, ging es nicht!

Den Kindern, die anständig zu ihr waren, begegnete auch sie mit Anstand. Nicht ungern plauderte sie mit ihnen. Sie fragte sie, ob sie schon Französisch hätten in der Schule. Das sei wichtig. Sie sei auch schon in Paris gewesen. «Booschuur! Ferme la porte! Eggsgüsee moa!» Ja, ja! Sie habe nicht alles vergessen, die Urnäscher würden noch staunen. Emma Nabulon war in ihrer Jugend tatsächlich ein halbes Jahr als Au-pair-Mädchen bei einer Familie in Paris gewesen. Mit dieser Familie ging sie sogar in die Ferien ans Meer. Leider musste Emma frühzeitig wieder nach Hause, weil ihre Eltern ihre Hilfe brauchten.

Von der Mobilmachung am 2. September 1939 erzählte sie. Da sei überall eine grosse Aufregung gewesen. Die Leute wussten ja nicht, was auf sie zukommen würde, und die Soldaten, die einrücken mussten, auch nicht. Ganz viele Postautos seien beim «Anker» hinten gestanden, um die Männer fortzubringen. Viele hätten über die Uniform Mehlsäcke angezogen oder vorsorglich Mehlsäcke als Schutz gegen Regen und Schnee mitgenommen. Auch dass es einmal einen See vom Rossfall bis in die Zürchersmühle gegeben habe, war eines ihrer Lieblingsthemen. Zuerst ein Gletscher und dann ein See. Der komme wieder zurück. Aber womöglich erst lange nach dem Weltuntergang. Der sei im Jahr 2000, und das sei schon ziemlich bald. «Dann liegen dutzendweise Arme und Köpfe herum.» Dass diese Prophezeiung nicht eintraf, erlebte Emma Nabulon nicht mehr. Sie starb im Jahr 1998.

Emma Nabulon wuchs in ihrem Haus am heutigen Rosenweg auf, wo schon ihre Eltern und ihre Grosseltern zu Hause gewesen waren. Ihr Vater führte in Urnäsch die Darlehenskasse, die später in die Raiffeisenbank integriert wurde. Und wie es damals der Brauch war, wurden die Bankgeschäfte oder Einzahlungen auf die Sparbücher bei einem Bauern, einem Schuhmacher oder bei sonst jemandem, der die Buchhaltung beherrschte und gut rechnen konnte, in der Stube erledigt. Emma war stolz auf ihren Vater. Er habe weitherum die schönste Schrift gehabt. Ihre Mutter strich die Schuhe mit Schweinefett und etwas Russ ein, das war die billigste Lederpflege. Wahrscheinlich lernte Emma früh, sparsam mit dem Geld umzugehen. Kein Fünfrappenstück gab sie unnötig aus. Sie leistete sich fast nichts. Was sie sich aber während vieler Jahre jeden Frühling gönnte, war eine Weinkur. Mit dem Handwägelchen ging sie kurz vorher in die Landi, den Laden der Landwirtschaftlichen Genossenschaft, und holte zwei Harasse Wein, bestimmt nicht vom teuren. Einem Gläschen Roten oder auch zwei war sie nie abgeneigt, aber für ihre Kur brauchte sie Weisswein. Jeden Morgen einen Liter, zwei Wochen lang als Medizin. Das gebe Kraft, vor allem in den Beinen.

Viele Jahre hatte sie einen Bauern im Auge, der gegen die Egg hinauf wohnte. Fleissig ging sie deshalb mit dem Handwägelchen die Eggstrasse hinauf, um im Wald Holz zu holen. Aber Chuedli (Verkleinerungsform von Konrad) wollte einfach nicht anbeissen. Offenbar gefiel ihm eine Jüngere besser. Die wurde seine Frau, und Emma blieb allein.

Arbeiten konnte sie, mit der Obrigkeit hatte sie oft Streit. Als die Strasse vom Dorf ins Tal ausgebaut wurde, musste sie ein Stück ihrer Wiese abtreten. Dadurch wurde das Bord zu ihrem Grundstück hinab steiler. Das war schlimm für sie. Während der Bauarbeiten fielen ständig Steine und Geröll in ihr Land. Und die Lehrer im Schulhaus Mettlen wussten nichts Besseres, als in der Pause an ihren Zaun zu lehnen. Nur weil sie vom Trottoir her besser auf den Pausenplatz sehen konnten. Und wer musste den Zaun reparieren? Ja, traurig, aber wahr, dass so gescheite Leute das nicht einmal merkten! Emma Nabulon verbot ihnen, an den Hag zu lehnen und auf ihren Boden zu stehen. Die Gemeinde hätte ihr diesen Boden schon lange gerne abgekauft. Das wär's noch! Welch ein Ansinnen! Die spinnen ja.

Dann war da noch die Geschichte mit der AHV. Dieses Geld gehöre ihr nicht, sie wolle es nicht. Sie bringe sich schon selber durch. Meinen die, sie sei armengenössig oder brauche Almosen? Sie weigerte sich, das Geld, das ihr zustand, anzunehmen. Denen in Bern oben sollte man allen einmal die Leviten lesen wegen dieses Geldes, das sie verteilten und vergeudeten. «Es wäre gescheiter, die würden einmal sparen lernen.» Von dieser Sorte Leute gab es im Appenzellerland noch mehr. Für sie gab es einen Ausdruck: Sie trauen sich, Hä! zu sagen. Mit anderen Worten: Sie hätten den Mut, hinzustehen und offen ihre Meinung zu sagen. Das musste man Emma Nabulon nicht beibringen. Diese eigenwillige Person kannte man auf der Gemeindeverwaltung. Immer wieder war sie dort zu Besuch. Einmal zog sie in ihrer Wut im Büro ihre Schürze aus und schleuderte sie in eine Ecke. Ein anderes Mal fürchtete der Gemeindeschreiber, sie springe ihm über den Schreibtisch hinweg an den Kopf.

Die Frau von Schreiner Kürsteiner wollte einmal ein Fenster zurückbringen, das Emma zum Flicken gebracht hatte. Als sie in der Nähe von Emmas Haus war, hörte sie, dass im Haus heftig gestritten wurde. Eine laute Stimme teilte alle Schimpfwörter aus, die man sich vorstellen kann. «Ihr nichtsnutziges, trauriges, verlogenes Pack. Wartet nur, ihr könnt noch etwas erleben. Ich weiss schon, was ich machen muss. So geht man nicht mit anständigen Leuten um. Das könnt ihr mir glauben.» Frau Kürsteiner hörte eine Weile zu. Der Lärm kam aus der Stube. «Habt ihr mich verstanden?» Eine Faust wurde kräftig auf den Tisch gehauen. «Ruhe! Ich will nichts mehr hören. Keine faulen Ausreden! Ihr verlogenen Hunde!» Eine Türe wurde heftig zugeschlagen. Auf einmal war es mucksmäuschenstill. Die Schreinersfrau überlegte, ob sie umkehren und das Fenster wieder nach Hause nehmen solle. Nach kurzem Warten machte sie sich aber doch bemerkbar und klopfte an die Haustüre. Emma kam mit einem zufriedenen Gesicht hinaus. Nichts für ungut, dass es vorher ein bisschen laut gewesen sei. Aber sie gehe morgen auf die Gemeinde und habe gerade eine kleine Hauptprobe gemacht.

Als eine Verwandte von ihr heiratete, gratulierte ihr Emma mit einer riesigen Schale voller kleiner Margriten. Sie konnte auch liebevoll und aufmerksam sein. In ihrer Jugend hatte sie als Köchin in verschiedenen Hotels gearbeitet. Später in Urnäsch kochte sie viele Jahre an Weihnachten in einem Privathaushalt und putzte in Wirtschaften. So flink und blitzsauber wie sie habe niemand geputzt. Sich selber schien sie aber zu vergessen. Sie war schon ziemlich alt, als sie an einem Wintertag beim Anfeuern umfiel und am Boden liegenblieb. Die Nachbarn schauten nach, weil die ganze Nacht das Licht gebrannt hatte. Unterkühlt wurde Emma ins Spital gebracht und zuerst in die Badewanne gesteckt. Später erzählte sie, sie habe schon gemerkt, warum sie drei Stunden in der Badewanne habe sitzen müssen. Nicht nur, weil sie kalt hatte. Man habe sie einweichen müssen. Nach Jahren wurde auch ihr Kopf wieder einmal gewaschen. Nachdem aller Dreck weg war, ging sie mit weissen Haaren nach Hause. Dabei habe sie sich solche Mühe gegeben, ihre dunkle Haarfarbe nicht zu verlieren, als sie anfing, grau zu werden. Darum hatte sie wohl immer so eigenartig gerochen.

Im Spital hiess es, sie habe Zucker. So ein Blödsinn! Zucker bekomme man nur wegen Cremeschnitten (Feingebäck aus Vanillecreme und Blätterteig) und solche habe sie schon ewig lange keine mehr gegessen. Lange wehrte sie sich, die Spitex in ihr Haus zu lassen. Ihr Vertrauen in die Menschen war nicht sehr gross. Ihr Leben lang glaubte sie an schwarze Magie und hatte oft Angst, dass ihr jemand Böses antun wolle. Ausserdem behauptete sie, sie würde im Voraus merken, wenn im Dorf jemand sterbe. Es gebe bald wieder eine Leiche! Manchmal hatte sie Recht, manchmal nicht. Im Alter hörte sie Stimmen. Die Kühe ihres Pächters, die im Winter in ihrem Stall standen, würden sich bei ihr bedanken. Am Heiligabend würden sie «Stille Nacht» singen. Die Krähen, die sie jeden Tag fütterte, würden mit ihr reden, und auch die Sprache der Katzen verstehe sie. Als einmal jemand etwas von ihr wissen wollte, antwortete sie, sie könne es im Moment nicht sagen, sie müsse zuerst ihren Vater fragen: Ihr Telefon gehe direkt in den Himmel.

Beim Räumen des Hauses fanden ihre Verwandten im Estrich einen Kübel mit ein paar schmutzigen Stoffresten und Papierstücken. Verdächtig schwer sei er gewesen, darum hätten sie ihn nicht einfach samt Inhalt zum Entsorgen in die Mulde geworfen. Eine grosse Menge an Fünflibern und Notengeld kam zum Vorschein! Es hiess, es habe sich um einen fünfstelligen Betrag gehandelt.

Emma Knöpfel, genannt Teller-Eva

Teller heisst ein Gebiet auf dem Weg zur Blattendürren hinauf. Man erzählt, dieses Grundstück sei einmal während einer Hungersnot für einen Teller Suppe verkauft worden. Ob das stimmt, weiss niemand, aber Hungersnöte gab es in Urnäsch viele, nicht nur die grosse vor zweihundert Jahren (1816/17), als es im Sommer dreissigmal bis ins Dorf hinunter schneite und ein Drittel der Menschen im Appenzellerland starben.

Auch der Ortsname Chüechliberg auf der anderen Talseite soll etwas mit Essen und Hungersnot zu tun haben. Vielleicht hing der Name Teller-Eva auch mit dem Hunger zusammen, aber mit einem anderem als dem, der mit einem Stück Brot gestillt werden kann.

Es war ein schöner Abend und kein Mensch unterwegs. Nur ein Bauer ging zu seinem Vieh. Es begann schon dunkel zu werden, da sah er, wie eine von Kopf bis Fuss nackte junge Frau in den grossen Brunnen im Teller stieg, aus dem sonst die Kühe tranken. So etwas hatte der heimliche Zuschauer noch nie gesehen: eine Frau – splitternackt wie Eva im Paradies! Noch am selben Abend wurde in den Wirtschaften im Tal über dieses Schauspiel geredet. Und seither nannte man die Frau von Gottfried Knöpfel nur noch Teller-Eva. Sie war eine resolute Frau mit Haaren auf den Zähnen. Sie wusste sich zu wehren.

Als sie später im Weiler Bindli wohnte, kam einmal ein Leichenzug an ihrem Haus vorbei. Die Sonne brannte, die Leute hatten es eilig, weil Heuwetter war. Einem Mann wurde es schwindlig, und er fiel um. Die Teller-Eva habe ihm einen Kräuterschnaps unter die Nase gehalten und gesagt: «Trink, oder bist du schon tot? Wenn du den verträgst, dann kommst noch einmal davon!»

Als ihr Mann auf der Gemeinde einmal ein Formular ausfüllen musste, wurde er auch nach dem Namen seiner Frau gefragt: «Ach, wie heisst sie denn wirklich?» – «Eva!», sagte der Gemeindeschreiber. – «Nein, eben nicht, man nennt sie nur so.» Der Mann begann nachzudenken, und der richtige Vorname seiner Frau fiel ihm schliesslich doch noch ein: Emma!

Die Handarbeitslehrerin Emma Krüsi

Ganze Generationen von Mädchen wurden durch Emma Krüsi geprägt, die während Jahrzehnten in Urnäsch den Handarbeitsunterricht dominierte. Ihr Wort galt, nicht nur in ihrem

Schulzimmer. Kein Lehrer kam gegen sie an. Wer sich getraute, ihr etwas zu entgegnen, wurde abgekanzelt. Ihren Unterricht erteilte sie im Erdgeschoss des Schulhauses Mettlen. Manchmal mussten Soldaten vor ihrem Fenster auf dem Pausenplatz exerzieren. Schnell zog Fräulein Krüsi dann die Vorhänge. Die Mädchen sollten nicht abgelenkt werden, und schon gar nicht von Männern!

Die Buben hatten damals noch keinen Handarbeitsunterricht. Ein Junge wollte aber unbedingt stricken lernen. Manchmal klopfte er bei anderen Handarbeitslehrerinnen an die Schulzimmertüre oder stieg durch das Fenster ins Handarbeitszimmer und lernte stricken. Aber nicht bei Fräulein Krüsi oder Chrusle (Kraushaar), wie sie auch genannt wurde. Wenn ein Junge nur durch die Fensterscheibe schaute, folgte ein scharfer Blick von der Krüsi, und er rannte weg. So grossen Respekt genoss sie. Man konnte fast schon sagen, ein General sei nichts dagegen. Da soll jemand behaupten, die Frauen hätten damals nichts zu sagen gehabt!

Was Fräulein Krüsi sagte, galt weit über die Schulstube hinaus und klang bei vielen Schülerinnen das ganze Leben lang nach. «Exakt arbeiten, nicht pfuschen!» Für Mädchen, die das nicht beherzigten, kein Geschick für Handarbeiten hatten oder nicht gut sahen, war der Handarbeitsunterricht eine Qual. Sie mussten in der vordersten Bank sitzen, streng beaufsichtigt von der Lehrerin. Es gab Mädchen, die vor Angst schwitzten, was dann alles noch schlimmer machte: Ihre Finger verkrampften sich, die Wolle glitt nicht über die Nadeln, und es gab einen Fehler nach dem anderen. In solchen Situationen rastete Fräulein Krüsi förmlich aus. In ihrer Wut schob sie alles, was auf dem Tisch lag, mit ihren Ellenbogen weg und liess es auf den Boden fallen: Nähschatullen, Nähkissen, eine offene Schachtel mit Stecknadeln. Unfertige Arbeiten schleuderte sie auf den Boden und manchmal aus dem Fenster.

Einmal blieb eine Strickarbeit an einem Nagel in der Decke hängen, was ihre Wut noch steigerte. Und natürlich sollte das arme Mädchen auch daran schuld sein. Warum hatte sie nicht schöner gearbeitet? Wie viele Schimpftiraden gingen los wegen kleiner Fehler? Wie oft flogen Strickarbeiten in die Luft! Meistens zog Fräulein Krüsi vorher in ihrer Wut die Nadel heraus. Das führte erst recht zu einem Durcheinander. Die Mädchen mussten ihre Arbeiten wieder aufheben und brauchten Stunden, bis alle Maschen wieder am richtigen Ort waren. Wie oft sind deswegen Tränen geflossen!

Im Nähunterricht galten die gleichen Regeln, und die resolute Lehrerin lehrte die Schülerinnen mit ihrer Exaktheit und ihren Vorschriften das Fürchten: Fäden zählen, vornähen, «lange Fädchen, faule Mädchen», flicken, Stoff einsetzen, – all dies war wichtiger als biblische Gebote.

In einem besonderen Heft mussten die Schülerinnen für jeden Fehler, den sie machten, ein Kreuz machen. Es kam auch vor, dass Fräulein Krüsi ein Mädchen, das nicht stillsitzen konnte, ans Stuhlbein band; und immer wieder stach sie Schülerinnen mit Stecknadeln, wenn sie nicht gehorchten. Am schwersten hatten es die Mädchen, deren Mütter schon ungern in den Handarbeitsunterricht gegangen waren. Die waren von Anfang an abgestempelt. Und auch wenn sie fleissig und geschickt waren, brauchte es viel, bis sie von Fräulein Krüsi anerkannt wurden.

Im Allgemeinen war es so, dass die Mädchen, die in Handarbeit gut waren, nichts zu fürchten hatten. Viele Mädchen verdienten später mit Schneidern ihr Geld und dachten mit Hochachtung an Fräulein Krüsi. Exakt arbeiten – das war damals ein geflügeltes Wort und ein wichtiger Wert, wie Anstand und was sich für angehende Frauen gehört: eine Schürze tragen! Ohne Schürze durfte keine in den Handarbeitsunterricht kommen. Und schon gar nicht in neumodischen langen Hosen. Zu diesem Thema wussten auch die Pfarrer etwas zu sagen. Sie verboten den Mädchen – teilweise bis in die 1950er-Jahre – mit Hosen in die Kirche zu kommen. Auch im tiefsten Winter mussten sie Röcke tragen. Das hiess, dass ihnen der kalte Wind trotz dicker, wollener Strümpfe an die Oberschenkel blies. Dank Skis und Skihosen und dank ein paar Vätern, die den Mut hatten, sich für ihre Töchter einzusetzen, lockerte sich das Verbot etwas. Im Nähunterricht aber war es weiterhin Pflicht, wollene Strümpfe zu stricken und einen Unterrock oder Unterhosen zu nähen.

Eine, die immer zu den besten gehörte, war Dora vom Weiler Tüfenberg. Einmal mussten die Schülerinnen ihrer Sekundarklasse einen Jupe und Unterhosen zeichnen und nähen. Um Himmelswillen – wie sahen diese Frauenunterhosen aus! Sie hatten Gummizüge um die Oberschenkel und gingen fast bis zu den Knien. Die Röcke mussten die Waden decken. Dora gefiel das nicht. Mit viel Mut ging sie ans Werk. Sie trennte ein Paar alte Sonntagshosen ihres Vaters auf und kaufte im Merceriegeschäft von Büechis gegenüber der Garage Blaas ein Stück Kunstseide. Als sie ihr Werk vorführen musste, reichte ihr der Jupe knapp bis zu den Knien. Und die Unterhosen? Ach herrje. Die waren ganz kurz, im Spickel schräg geschnitten und enganliegend. Fräulein Krüsi traf fast der Schlag. «Schäm dich bis in den Boden hinein», rief sie mit hochrotem Kopf. «Wenn du nicht Dora Frehner wärst, würde ich dir alles zerreissen!» Dann aber warf sie doch einen langen und anerkennenden Blick auf die exakt genähten Arbeiten.

Fräulein Krüsi lebte mit ihrer Freundin Anna Bodenmann zusammen. Anna Bodenmann sei die Liebe und Freundlichkeit in Person gewesen. Per Du war Fräulein Krüsi sonst mit niemandem. Das gehörte sich damals so. Nach der Konfirmation wurde man gesiezt. Einfache Leute und Bauern hatten andere Regeln. Es gab auch Wörter, die nicht in den Wortschatz der besseren Leute gehörten. Eine Schülerin habe einmal ein Fürzchen entweichen lassen und habe zur Entschuldigung gesagt: «Jedes Böhnchen macht ein Tönchen.» Sie musste sofort vor die Türe.

An ihrem achtzigsten Geburtstag trug Fräulein Krüsi einer ehemaligen Schülerin, die ihr als Präsidentin des Turnvereins gratulierte, das Du an. Ein Wunder! Während vieler Jahre hatte Fräulein Krüsi die Frauenriege geleitet. Nach dem Turnen noch in einem Restaurant zusammenzusitzen, das gab es bei ihr nie. Noch lange, nachdem Fräulein Krüsi nicht mehr Leiterin war, behielt die Frauenriege diesen Brauch bei: Nach dem Turnen ging man sofort nach Hause!

Von Strassenkehrern und Kaminfegern

Jakob Alder, genannt Blaari Alder,
und Hans Knöpfel, genannt Langhannes

Jakob Alder wurde von allen nur Blaari Alder genannt. Blaari von «blaaren» weinen. Die einen meinten, man nenne ihn Blaari, weil seine listigen blauen Augen immer tränten. Die Kälte und der Wind, dazu der Alkoholkonsum, im Endeffekt war wohl alles zusammen schuld, dass ihm stets das Augenwasser kam. Auch wenn er einen schönen Naturjodel hörte oder den Klang der Senntumschellen liefen ihm die Tränen die Wangen hinunter.

Strassenwischer Jakob Alder trug schon als Bub den Übernamen Blaari. Er wuchs im Weiler Ruppen auf, seine Eltern hatten dort einen Bauernhof und hielten nebenbei, wie es damals Brauch war, ein paar Hühner. «Sie haben henne (zwei Bedeutungen: Hennen, Hühner und hinten, Wortspiel) und vorne Augen», sagten einige von solchen Leuten. Manchmal dauerte es ziemlich lange, bis einer, der nicht Appenzeller Dialekt sprach, das Wortspiel verstand: Gemeint war nicht, dass die Menschen hinten und vorne Augen hätten, sondern dass sie Hühner im Stall und vorne am Kopf Augen hätten. Dieses Wortspiel lässt sich nicht ins Schriftdeutsche übertragen und kaum in einen anderen Dialekt.

Weil seine Eltern Hühner hatten, musste Jakob Alder als Bub die Eier austragen. Ins Dorf war es ein weiter Weg. Eierkartons gab es damals noch nicht. Damit die Eier nicht kaputtgingen, packte man jedes einzeln in Zeitungspapier ein und legte es in den Korb, oder man wickelte immer zwei in ein Tuch. Als Jakob grösser war, lieferte er die Eier mit dem Fahrrad aus. Auf dem Weg traf er ein paar Buben. Die Buben aus dem Tal und die aus dem Dorf waren sich nicht immer grün und stritten gerne miteinander. Die Buben packten einander, und einer warf Jakobs Fahrrad um. «Halt, die Eier!», rief er, aber es war zu spät. Der ganze Korb, den er auf dem Gepäckträger festgebunden hatte, fiel zu Boden. Wütend und verzweifelt las er die Eier auf. Niemand half ihm. Die Kerle verschwanden sofort. Unter sieben Flüchen stiess er das Fahrrad nach Hause. Er war von Kopf bis Fuss mit Eiern verschmiert. Hände und Gesicht sahen schlimm aus, wischte er sich doch mit seinen Händen und den Ärmeln die Tränen ab. Auf dem ganzen Heimweg weinte er wegen der kaputten Eier. Wahrscheinlich hatte er Angst, die Eltern würden mit ihm schimpfen oder ihm den Hintern versohlen. So jedenfalls wurde diese Geschichte erzählt. Seither war und blieb er der Blaari Alder. Er schaute zwar immer etwas verdutzt, wenn ihn fünfzig Jahre später die Kinder auf der Strasse mit «Grüss Gott, Herr Blaari Alder» grüssten. Nicht weil sie ihn Blaari nannten, sondern wegen dem «Herrn». Der Herr ist im Himmel!

Etwas beherrschte der Strassenwischer Alder, was ihm nicht jeder nachmachen konnte. Er konnte einhändig mit dem grossen Besen die Strasse wischen, die andere Hand in der Hosentasche haben, das Lindauerli (Tabakpfeife) im Mund halten und gleichzeitig seinem Arbeitskollegen Langhannes etwas zurufen. Wenn es ihm gut ging, strahlte er über das ganze Gesicht. Ohne sein Lindauerli konnte man sich Blaari Alder nicht vorstellen. Dass er es zum Essen und zum Schlafen nicht auch noch zwischen seinen schwarzen Zahnstummeln hielt, war alles. Das Lindauerli brannte aber nicht immer. Vielfach war es kalt, und dann brauchte er fast eine halbe Schachtel Zündhölzer, bis es wieder brannte. Das Anzünden war ein Ritual: Er hielt die hohle Hand schützend über den mit Tabak gefüllten Pfeifenkopf, hielt sorgfältig das brennende Zündholz an den Tabak und zog sorgfältig an der Pfeife, bis ein Räuchlein aufstieg.

Er sei ein unordentlicher Mensch gewesen, erzählte eine Nachbarin. Und wie er herumgelaufen sei! Socken habe er selten getragen, dafür die Schuhe mit zerrissenem Zeitungspapier gefüttert. Anfangs der 1960er-Jahre wohnte seine Mutter bei ihm. Sie konnte nicht mehr gehen. Jakob pflegte sie. Am Morgen heizte er den Ofen ein und stellte ihr Essen in das Ofenrohr. Frieren musste seine Mutter nicht. In der Stube war es dreissig Grad warm.

Alders hatten immer mindestens fünf Katzen. Die eine oder andere warf ihre Jungen auf dem Sofa, auf dem die Mutter lag. Ab und zu tötete Blaari Alder eine Katze und kochte sie. Er kochte gut. Jede Woche brachte ihm der Metzger Fleisch. Das bewahrte er aber nie im Kühlschrank auf, den er angeschafft hatte. Der war gefüllt mit Konservendosen. Die Essensreste und die Würste lagen in der Tischschublade. Sie hätten alle Farben von grau, grün bis orange gehabt, erzählte die Nachbarin, die hin und wieder nach Blaaris Mutter schaute. Die Servelas (Würste) seien manchmal fast von alleine aus der Schublade gekrochen. Aber nach neusten Erkenntnissen sollen ja Maden gesund sein. Blaari Alder jedenfalls war nie krank.

Einmal, die Mutter lebte schon lange nicht mehr, wurde eine von Blaaris Katzen von einem Auto überfahren. Nachdem sie fast einen Tag lang am Strassenrand gelegen hatte, hatte sie Blaari gefunden. Er zog ihr das Fell ab, legte sie in eine Beize mit Wein und Essig ein, und nach ein paar Tagen kochte und ass er sie. Er scheint einen unheimlich robusten Magen gehabt zu haben.

Als die Kanalisation bis zu seinem Haus gebaut war, kaufte sich Jakob Alder ein modernes WC. Aber es war meist verstopft, weil er so viel Zeitungspapier hineinwarf. Er war nicht der Einzige, der Mühe hatte, sich an das WC-Papier auf Rollen zu gewöhnen. Das Geld dafür reute viele: Wieso teures Papier kaufen, wenn man alte Appenzeller Zeitungen gratis hat?

Eines müsse sie sagen, meinte die Nachbarin: Jakob sei ein guter Mensch gewesen, er habe nie jemandem etwas Böses getan oder etwas Schlechtes gewünscht.

In jungen Jahren übte er den Brauch des Silvesterchlausens aus, meist allein als Bettelchlaus. Er habe nicht gezauret. Er habe lieber zugehört. Er erzählte, seine Senntumschellen hätten einen so schönen Klang, dass die Leute, wenn sie sie hörten, vor Freude zu weinen begännen. Er besass nicht nur ein Spiel besonders schöner Schellen (ein Spiel besteht aus drei Schellen). Manchmal liess er die Schellen in seiner Stube ganz für sich allein erklingen. So feierte er später barfuss und mit dem Lindauerli im Mund Heiligabend.

Er lud manchmal Langhannes dazu ein. Das hätte ein Bild gegeben mit diesen beiden: Blaari Alder und Langhannes, der aussah wie ein gutmütiger Bär und fast zwei Köpfe grösser war als sein Kollege. Langhannes war auch ledig. Im Gegensatz zu Blaari Alder hätte er aber gerne einen Schatz oder eine Frau gehabt. Wie viele Liebesbriefe hatte er doch verschickt und kam bei keiner zum Ziel. Er sei nicht arm, erklärte er einer Frau, über seinem Bett hänge ein schönes Spiel Senntumschellen.

Als nach langem Leiden der erste Mann von Theres, der späteren Frau Schmid, gestorben war, bekundete Hannes der Witwe sein Beileid mit einem Trauerkärtchen. Auf dem gleichen Kärtchen machte er ihr mit lieben Grüssen einen Heiratsantrag. Er dachte, diesmal sei er früh genug. Aber oha! Theres liebäugelte schon mit einem anderen. Kurze Zeit später heiratete sie den Geissbock-Schmid aus der Gass. Es ging nicht lange, und man nannte sie im ganzen Dorf Frau Geissbock-Schmid. Hannes suchte weiterhin eine Frau, aber fand nie eine. Die einzige Chance, die er gehabt hatte, hatte er vertan. und das ging so: Eines Abends begegnete er auf dem Weg in den Ruppen den Frauen der Damenriege. Als die jungen Frauen ihn sahen, rief eine: «Hallo, Hannes, jetzt hast du Glück. Du kannst dir eine Frau auslesen!» Hannes erschrak, rannte weg und verkroch sich im nächsten Stall auf dem Heuboden. Wie lange er sich dort versteckte und wie heftig sein Herz pochte, hörte niemand. Aber sein Traum von einer lieben Frau ging weiter. «Bin allein, habe niemanden» – begannen viele seiner Briefe. Trotzdem sah er sehr zufrieden aus.

Was viele Leute nicht wussten: Jakob Alder war als junger Mann einmal in Afrika gewesen. Er hatte ein langes weisses Gewand, wie man sie dort trug, nach Hause gebracht. Damit ging er stolz spazieren. Aber die Urnäscher lachten ihn aus und zeigten mit den Fingern auf ihn. Wütend ging er nach Hause, zog es aus und zerriss es in hundert Stücke.

Zum Besitz von Blaari Alder gehörte ein Prunkstück von einem bemalten Schrank. Ein Erbstück von seiner Mutter, ein echter Starck-Schrank des bekannten Appenzeller Malers Conrad Starck. Ein Kunsthändler wurde darauf aufmerksam und bot dem einfachen Mann zehntausend Franken dafür. Wenn der Schrank dem so viel wert ist, dann ist er es mir auch, dachte Blaari und liess den Antiquitätenhändler zappeln. Dass Blaari Alder einen alten Starck-Schrank hatte, sprach sich schnell herum. Auch andere Leute bemühten sich um das wertvolle Möbelstück. Sein Preis stieg schnell auf dreissigtausend Franken. Der pfiffige Blaari wusste, dass er eine gefragte Person sei, solange er den Schrank besitze. Vornehme Leute begannen mit ihm zu reden. Ständig bekam er Besuch von Menschen, die ihm Geschenke brachten. Mehr als eine Frau machte ihm den Hof. Das gefiel ihm, und stolz zeigte er allen seinen Schrank. Ob er keine Angst habe, der Schrank könnte ihm gestohlen werden, wurde er gefragt. «Dummes Zeug», antwortete er. Er habe ihn mit Altpapier gefüllt, und das müsse einer dann erst ausräumen, bevor er mit dem Möbel abhauen könnte. Bis dann hätte er den Dieb schon längst erwischt.

Blaari Alder wusste seit Langem, was er mit dem Schrank machen wollte: Die Gründer des Urnäscher Brauchtumsmuseums, Dorfarzt Walter Irniger und Sekundarlehrer Hans Hürlemann, hatten ihn überzeugt, dass ein so wertvolles Stück der Gemeinde erhalten werden sollte. Jakob Alder hatte mit ihnen einen Vertrag gemacht. Das Urnäscher Brauchtumsmuseum konnte den Schrank nach seinem Tod erwerben. Dort steht der Schrank bis heute und heisst offiziell «Blaari-Chaschte».

Emil Frehner und Hans Alder, genannt Zäbi

Die Strassenwischer konnten sich damals noch Zeit nehmen, wenn sie privat zu einem Kaffee eingeladen wurden. Den Lohn bekamen sie wöchentlich bar auf die Hand ausbezahlt. Der Strassenwischer Frehner sass einmal im Restaurant Säntisblick in der Zürchersmühle (Ortsteil von Hundwil). Der Nähmaschinen- und Fahrradmechaniker Schoop aus Herisau erzählte mit grosser Begeisterung von seinem neuen Bernhardiner-Hund, den er auf dem Grossen St. Bernhard geholt hatte. «Ein Prachtstier ist das, und einen Kopf hat er!» Emil Frehner hörte ein Weilchen zu und fragte in seiner bedächtigen Art: «Hat er rechte Pfoten?» (rechte heisst in diesem Fall richtige oder wackere). «Was glaubst du denn», antwortete Schoop nicht ohne Stolz und formte seine Hánden, als wollte er den Umfang der Pfoten zeigen. «Solche!» Frehner meinte trocken: «Bestimmt hat der Hund auch zwei linke Pfoten» (Pfoten auf der linken, nicht nur auf der rechten Seite). Eine erstaunliche Schlagfertigkeit besassen diese einfachen Leute.

Im Strassenunterhalt arbeitete auch Hans Alder. Nicht in

Urnäsch, sondern in Herisau. Alle nannten ihn Zäbi. Ihm gehörte das kleine Haus im Tal neben dem alten Schulhäuschen, in dem er zu Hause war und Wohnungen vermietete. Am Morgen kehrte er jeweils in der «Sonne» ein. Er trank einen Römer (2 dl Rotwein) oder ein Tschumpeli (1 dl Rotwein), einen Pfefferminztee und einen Kaffee mit Schnaps. Den Schnaps für seinen Kaffee brachte er überall hin selber mit. «Hi, hii», lachte er und holte einen Flachmann aus seiner Westentasche. Er schaute sich auffällig um, kicherte «Hi, hii, das sieht niemand» und schenkte sich ein. Die Feierabende verbrachte er im «Säntisblick». Auch hier standen immer mehrere Getränke auf dem Tisch: Bier oder Wein und ein Süssgetränk. Nie fehlte der Kaffee mit Schnaps. Einmal wurde er gerufen, weil sein Haus brenne. Tatsächlich! Es brannte. So schnell war Zäbi noch nie vom Wirtshaustisch aufgestanden. «Mein Geld ist noch unter der Bettdecke!»

Er trieb gerne Handel. Einmal kam eine Antiquitätensammlerin und entdeckte bei ihm eine schöne, bemalte Porzellanschüssel mit Deckel. «Die gefällt mir», sagte sie und hob den Deckel an. Sie musste sich fast übergeben. Das sei ja schrecklich! Sie stiess die Schüssel fort. Sie war voller Gebisse. Er könne hin und wieder eines brauchen, meinte Zäbi. Er habe sie alle von seinem Vater. Der sei Totengräber gewesen. Um die Jahrhundertwende war es Mode gewesen, den Konfirmandinnen, sicher aber den Frauen, bevor sie heirateten, ein künstliches Gebiss zu schenken. Die Probleme mit kaputten Zähnen, Zahnweh und Zahnarztrechnungen waren damit ein für allemal gelöst.

Ja, diese Strassenkehrer! Es gibt noch eine Geschichte, die man sich erzählt: Früher lag der Friedhof unterhalb der Kirche, nicht wie heute ausserhalb des Dorfes. Als einmal Umgebungsarbeiten rund ums Pfarrhaus ausgeführt wurden, kamen Skelette zum Vorschein. Der Strassenmeister, man sagt es sei Adolf Hohl gewesen, habe auf die Schaufel gestützt lange auf einen Schädel geschaut, und dann gesagt: «Dem Grind (Schädel) nach ist das ein Frick» (häufiger Familienname in Urnäsch). Dieser Ausdruck ist zum geflügelten Wort geworden. «Dem Grind nach muss es ein Frick sein», sagen auch viele, die diese Geschichte nicht kennen.

Die Kaminfeger Emil Fässler und Hans Knöpfel

Es sah immer schön aus, wenn der Kaminfeger mit der Leiter auf dem Rücken und dem Besen am Arm durch den Schnee stapfte. Es sah aus wie auf den Neujahrskarten, die die Briefträger um Neujahr haufenweise austrugen. Meist stand nicht mehr als ein Name und ein Gruss darauf, und trotzdem mussten sie den Empfängern zugestellt werden, auch wenn sie im entlegensten Winkel der Gemeinde wohnten. Nicht nur die Briefträger, auch die Kaminfeger gingen zu Fuss zu den entlegenen Bauernhöfen und Alphütten, weil auch dort die Kamine vorschriftsgemäss vom Russ gereinigt werden mussten.

Wenn Kaminfeger Emil Fässler, der im Ortsteil Mettlen wohnte, auf die Hochalp hinaufstieg, um die Kamine zu russen, brauchte er den ganzen Tag. Meist schlief er dort im Massenlager und ging am anderen Morgen in die Alpen Spicher, Chenner und Stöblinecker. Armin Fässler erinnert sich, dass er als Junge mit seinem Grossvater ein paarmal diese Tour gemacht hatte und dabei die Leiter tragen durfte. Die Brotzeit trug der Grossvater in ein Tuch eingewickelt unter dem Zylinder auf dem Kopf. Das war bei den Kaminfegern Tradition!

Über das Kommen des Kaminfegers freuten sich die Leute am meisten, wenn der Kamin nicht mehr zog oder verstopft war. Normalerweise aber seufzten die Frauen, und diejenigen, die es sich leisten konnten, liessen eine Putzkraft kommen. Alles war nach dem Besuch des Kaminfegers staubig. Einen Staubsauger hatte fast niemand, und die Kaminfeger hinterliessen deutliche Spuren ihres Tuns, ausnahmsweise auch einmal auf der Schürze einer Magd oder Hausfrau.

Das Kommen des Kaminfegers wurde in der Regel ein bis zwei Tage im Voraus angekündigt. Die Öfen mussten kalt sein, und auch der Holzherd, auf dem die meisten Leute noch kochten. Diese Ankündigungen machte bei Kaminfeger Fässler seine Frau Antonia, eine Innerrhoderin. Ihre Kinder Migg (Kurzform von Emil) und Ueli (Kurzform von Ulrich) mussten die Eltern mit «Ihr» ansprechen. Das war bei gewissen Leuten immer noch Mode. Der alte Brauch berief sich auf das fünfte Buch Mose, wo es in den Zehn Geboten heisst: «Ehret Vater und Mutter.»

Als das Ehepaar Fässler älter geworden war, informierte Enkel Armin die Leute über das Kommen des Kaminfegers. Die Grossmutter war froh und gab Armin zehn Rappen pro Besuch. Bald hielt dann aber das Telefon Einzug im Dorf.

Es gab ein paar Frauen, die sich vor Kaminfeger Fässler fürchteten. In den Häusern, in denen alles blitzblank war, habe er gerne etwas Russ von seinem Besen geschüttelt: «Diese Frauen sollen auch etwas zu tun haben!»

In den Geschäften und Wirtschaften reinigte er die Kamine früh am Morgen, damit die Öfen schnell wieder eingeheizt werden konnten. Im Winter sehnten sich die Leute danach, dass es nach dem Weggang des Kaminfegers wieder warm und gemütlich wurde im Haus. Erst dann konnten sie wieder kochen und warmes Wasser machen.

Fässler und später auch Kaminfeger Knöpfel liebten es, am Morgen einen Schnaps zu trinken. Fässler nahm gerne noch ein kaltes Bier dazu, Knöpfel am liebsten einen zweiten Schnaps. Wenn Knöpfel zu viel getrunken hatte, merkte das schnell das ganze Dorf: Dann lud Hans Knöpfel, wie ein paar Jahre früher Fässler, seine Gerätschaften, Besen und Schaufel auf den Handwagen. Das Auto blieb für ein paar Wochen zu Hause. Knöpfel war mit Leib und Seele Silvesterchlaus. Als er

frisch verheiratet war, sagte Güscht (Kurzform von August) Künzli zu Knöpfels Frau Silvia, der späteren Brauchtumsmalerin: «Dann wirst du jetzt die Kaminfegerin? Mit dir würde ich auch noch eine Runde drehen unter einem Hagenbuttenstrauch.»
Ein Auto hatte Kaminfeger Fässler noch nicht. Seine Liebe galt ebenfalls dem Silvesterchlausen. Er war einer der Ersten, der schöne Hauben aus Draht fabrizierte. Diesen umwickelte er mit Watte und verzierte sie mit Glasperlen. Aus fünf roten und einer grünen Glasperle entstand eine Blume. Seine Grosskinder im Weiler Bindli mussten ihm dabei helfen. Kein Wunder war Armin später so geschickt beim Schnitzen und bei der Herstellung von Chlausengewändern. Damals sei es schon etwas langweilig gewesen für ihn und seinen Bruder Migg, erzählte Armin. Als Lohn durften sie jeweils Pfeife rauchen. Eine grosse Auswahl von grossen bis zu kleinsten Pfeifen mit Keramik- oder Holzköpfen hingen bei den Grosseltern an der Stubenwand. Nachdem sich der Grossvater nach der Arbeit mit grossem Lärm im Bad sauber geschrubbt hatte, herrschte eitel Friede, und er rauchte gemütlich eine Pfeife nach der anderen.

Damals stand bei Kirchhofers im Weiler Grünau ein hoher Fabrikkamin. Um diesen Kamin zu säubern, mussten die Kaminfeger innen im Kamin hinaufklettern. Fässler setzte sich oben jeweils auf den Rand und begann zu zauren (Naturjodel). Er intonierte ein Zäuerli, das er selber komponiert hatte. Es ist heute noch allen Silvesterchläusen als «Chemifeger-Fässler-Zäuerli» bekannt.

Von Fuhrleuten und Holzarbeitern

Wald und Holz waren für die Urnäscher wichtige Einnahmequellen. Viele Männer arbeiteten im Winter als Holzfäller im Wald. Andere transportierten die schönen langen Stämme mit Ross und Schlitten vom Wald ins Tal hinunter in die Sägerei. Keine einfache Arbeit! Ein Mann allein konnte nichts ausrichten.

Wege und Strassen waren noch nicht ausgebaut wie heute. Radschuh und Bremsen waren wichtige Geräte, aber auch die Flasche mit dem heissen Most durfte nicht fehlen. Und für die meisten war auch die Tabakpfeife ein unentbehrliches Utensil: Ein warmer Rauch wärmte das Gesicht, wenn es kalt war.

Durch Urnäsch fuhren noch nicht so viele Autos wie heutzutage. Noch bis in die 1930er-Jahre endete die Strasse im Rossfall, und ein Saumweg führte zur Schwägalp. Die Frau von Widebach-Jock (Jakob) erzählte, sie habe als Kind gehört, dass einmal eine fahrende Kesselflickerin nach Urnäsch gekommen sei, die die Zukunft voraussagte. Sie habe gesagt, sie sehe eine grosse, breite Strasse, auf der Fuhrwerke ohne Pferde bis in die Schwägalp hinauffuhren. Autos konnte sich damals noch niemand vorstellen. Man habe die Zigeunerin ausgelacht und aus dem Dorf gejagt. Dass solche Geschichten weitererzählt wurden, zeigt, dass man über Neuigkeiten redete.

Auf den Wegen und Strassen gab es viele Gefahren. Die Knochen-Bertha – man nannte sie so, weil sie gross und mager war – erzählte, dass sie als dreijähriges Mädchen im Winter einmal mit einem kleinen Schlitten mitten im Dorf auf der

Strasse stand. Das war nichts Aussergewöhnliches. Die Kinder durften auf der Strasse spielen. Schnee geräumt wurde mit Pferden oder Ochsen und einem Pfadschlitten aus Holz. An diesem Tag waren die Strassen mit schönem, festgetretenem Schnee bedeckt. Plötzlich kamen zwei Pferde im Galopp mit einem Schlitten ohne Fuhrmann. Sie waren durchgebrannt. Die Leute auf der Strasse schrien. Etwas tun konnten sie nicht. Die Deichsel und dann der Schlitten fuhren über das Kind, das zwischen die beiden Pferde geraten war. Ein paar Sekunden später war alles vorbei. Ein Wunder! Unglaublich! Erstaunt blickte das Mädchen sich um. Knochen-Bertha sagte, sie könne sich an dieses Ereignis erinnern, am besten an die Leute, die alle geschrien und sie dann in die Arme genommen hätten. Das war lange Dorfgespräch.

Knochen-Bertha war mit Schnaps-Hannes verheiratet, dem langjährigen Lehrer im Schulhaus Tal. Er habe die Taler Buben nicht gemocht, sie oft geschlagen, den Mädchen Tatzen ausgeteilt und sie an den Haaren gerissen. Wenn er zu heftig dreinfuhr und die Schüler schrien, sei seine Frau aus der Wohnung heruntergekommen und habe in der Schulstube ihren Mann und die Kinder beschwichtigt.

Eine der wichtigsten Sägereien befand sich im Weiler Bindli. Sie gehörte der Familie Ehrbar, den Grosseltern von Bertha Fässler. Mit ihrem Mann Migg (Kurzform von Emil) Fässler – er nannte sich Jocke-Bueb (Übername: sein Grossvater hiess Jakob) – führte Bertha den Betrieb und zog vier Kinder gross. Der Pferdestall war an das Wohnhaus angebaut. Sie stellten immer Holzarbeiter an, vor allem im Winter. Diese Männer, man nannte sie auch Ruchwercher, führten das Langholz mit Pferden und Schlitten aus den Wäldern zur Sägerei hinunter.

Die Holzarbeiter, die nicht in der Nähe zu Hause waren, bekamen im Haus von Bertha und Migg Kost und Logis. Man konnte sich nicht auf alle Holzarbeiter verlassen. Es kam immer wieder vor, dass der eine oder andere am Montag nicht zur Arbeit erschien und blaumachte. Das ärgerte Migg. Dann schimpfte er laut. Er wartete auf das Holz, und die Arbeiter sassen in den Wirtschaften und kamen angetrunken zur Arbeit. Trinken und fluchen wie ein Fuhrmann war keine blosse Redewendung. Häufig wohnten diese Gelegenheitsarbeiter alleine oder lebten bei ihrer Mutter. Wenn sie beim kalten Wetter den ganzen Tag draussen gewesen waren, suchten sie am Abend einen gemütlichen Ort, um sich mit einem Schnaps aufzuwärmen. Wofür hätten sie ihr Geld sparen sollen? Wirtschaften gab es damals in Urnäsch mehr als genug.

Hans Ammann, genannt Trullalla oder Amäs Hännes

Einer dieser Holzarbeiter, der schlagfertige und witzige Hannes Ammann, hatte den Übernamen Trullalla. Er war bekannt dafür, immer das letzte Wort zu haben. Zum damaligen Gemeindeammann Jakob Schwengeler sagte er einmal: «Du musst dich nicht meinen, ich bin schon länger Ammann als du Gemeindepräsident, und ich werde es wahrscheinlich auch länger bleiben!»

Er war weiterum der Holzarbeiter, der am besten mit Pferden umgehen konnte. Aber es kam hin und wieder vor, dass er betrunken im Strassengraben lag, und zwar nicht nur im Sommer, sondern auch im Winter. In einer Winternacht war er gegen Morgen immer noch nicht zu Hause. Migg Fässler machte sich Sorgen und suchte ihn mit der Stalllaterne. Er fand Spuren, die zu einem verschneiten Miststock führten. Zwei Schuhspitzen waren zu sehen. Als er näher hinschaute, erkannte er Trullalla. Der hatte sich tief im Mist eingegraben und schlief. Er habe gestunken, und es habe viel gebraucht, bis er wieder sauber gewesen sei. Aber er hatte sich nicht erkältet.

Ein anderes Mal, als Trullalla wieder im Strassengraben schlief, schneite es in der Nacht. Eine so schöne, weisse und saubere Decke habe er in seinem Leben noch nie gehabt, sagte er am anderen Morgen. Er redete gerne und trank gerne Bier. Da sagte ein Kollege zu ihm: «Wenn du es schaffst, eine Stunde lang, ohne ein Wort zu sagen und ohne ein Bier zu trinken, am Wirtshaustisch zu sitzen, bezahl ich dir die nächste Flasche Bier.» Er schaffte es tatsächlich.

An einem Alten Silvester (13. Januar) sass Trullalla stockbetrunken in der Wirtschaft Ruppenbädli. «Pass auf, es ist kalt. Wenn du heute neben der Strasse landest, überlebst du das nicht und bist am Morgen erfroren», sagte der Polizeiaufseher zu ihm. Trullalla lachte nur: «Was du nicht sagst! Das wäre aber das erste Mal!»

Willi Pfändler

Willi Pfändler war mit Leib und Seele Fuhrmann. Man nannte ihn «Kaiser», «Kaiser Wilhelm»: Wie ein Regent stand er alle zwei Jahre, wenn das Urnäscher Mannen-Bloch (Brauch im Appenzeller Hinterland) unterwegs war, als Fuhrmann zuvorderst auf dem Bloch (Baumstamm) und knallte mit der Geissel. Das sollte ihm mal einer nachmachen! Das Bloch bedeutete ihm alles, und die Bloch-Gesellschaft war der einzige Verein, dessen Mitglied er war. Am Abrechnungsabend brachte er keine weibliche Begleitung mit, obwohl das Reglement das verlangte und wer dagegen verstiess, zwanzig Franken zu bezahlen hatte.

Unabhängigkeit war Pfändler wichtig. «Pfändler ist kein Spielzeug!», sagte er immer wieder. Dabei zog er mit der rechten Hand einen Bogen vor seinem Gesicht und schnippte mit drei Fingern. Was er damit ausdrücken wollte? Dass man nicht mit ihm umspringen könne, wie man wolle? Auch ein anderer seiner Ausdrücke war vielfältig deutbar: «Es muss einer nicht fett sein, um ein schmutziger Kerl zu sein.» Das könnte bedeuten, dass manchmal einer, der Eindruck macht, doch ein schlechter Mensch sein könne.

Willi Pfändler lernte schon als Kind, mit Pferden umzugehen. Er musste früh arbeiten. Er erkannte schwierige Situationen sofort, wusste, wie man einen Baumstamm drehen, wenden und aufladen konnte, merkte, wenn es gefährlich wurde. Als Kind musste er miterleben, wie sein Vater beim Holzen tödlich verunglückte. Er sprach nie darüber. Seine besten Blochkollegen erfuhren erst an der Beerdigung davon.

Er war der Jüngste einer Stube voller Kinder. Seine Mutter hatte es schwer, nachdem der Lohn des Vaters ausgefallen war. Willi ging bei ihr ein und aus, bis sie hochbetagt nur ein Jahr vor ihm starb.

Willi trank gern, wie es Sitte war unter Fuhrleuten. Sein Leben lang arbeitete er mit Pferden. Als es noch keine Strasse auf die Hochalp gab, holte er mit einem Maultier Bierharasse im Gasthaus Ochsen und säumte sie hinauf. Wenn der «Kaiser» zu viel getrunken hatte, ging das Maultier auch allein. Den Weg kannte es, und oben auf der Hochalp nahm ihm schon jemand die Last ab. Willi holte für Migg Fässler Holz aus dem Wald und transportierte es auf Schlitten in dessen Sägerei.

Später ging er im Sommer als Alphirt auf die Alp Eugst. Untröstlich war er einmal, als ihm ein Pferd starb. Er suchte den Fehler dafür bei sich und fragte sich immer wieder, wie das passieren konnte. Pferde waren sein Ein und Alles. Er sprach liebevoll mit ihnen. Rau war er mit den Menschen, aber nie mit den Tieren.

Er war etwa sechzig, als er mit dem Zug von Herisau nach Urnäsch fuhr. Einen Fahrschein hatte er nicht. Der Kondukteur machte eine Kontrolle. Das koste den Preis des Fahrscheins und einen Bussenzuschlag, sagte er zu Pfändler.

«Dann steige ich in Wilen gleich wieder aus und gehe zu Fuss nach Hause», meinte Willi ärgerlich. Den Fahrschein und die Busse müsse er trotzdem bezahlen, antwortete der Kondukteur. Der «Kaiser» kehrte die Innenseiten von Jacken- und Hosentaschen nach aussen: Es kam kein Rappen zum Vorschein. Ungerührt holte der Kondukteur sein Notizbuch hervor. Dann müsse er ein Protokoll schreiben. Eine Nachbarin von Willi sass auch im Zug und kam zu den beiden. Sie übernehme die Kosten, sagte sie. Der Kondukteur wurde sofort freundlicher, und Willi murmelte ein «Danke». Als die beiden in Urnäsch ausstiegen, meinte der «Kaiser»: «Diese dummen Kerle wissen nichts Besseres, als einen zu kontrollieren.» Im Wirtshaus Traube brannte noch Licht. «Weisst du», sagte er zu seiner Nachbarin, «ich muss noch schnell hinein. Wenn ich einfach vorbeigehe, würden mir das die Leute bestimmt übelnehmen!»

Nachdem Willi Pfändler gestorben war, hinterliess er der Gemeinde einen beträchtlichen Geldbetrag. Sie solle es für den kleinen Park bei der Kirche verwenden. Mancher Urnäscher staunte nicht schlecht.

Jakob Frischknecht, genannt Bueche-Jöckli

Ohne Zipfelkappe – auch im Sommer – und Tabakpfeife konnte man sich Jakob Frischknecht nicht vorstellen. Er war mit seiner Frau Trine im Weiler Buchen zu Hause. Er war ein Bauer der alten Art mit drei, vier Kühen und einem Kalb oder Rind. Das Rind spannte er ein und führte Transporte aus, und im Winter räumte er Schnee mit ihm. Später kaufte er einen Motormäher. Sie hatten ein paar Hühner, deren Eier Trine teilweise verkaufte, und eigene Butter. Sie führten ein bescheidenes Leben. Ab und zu jassten sie mit den Nachbarn, abwechslungsweise bei sich oder bei ihnen zu Hause.

Frischknechts überheizten ihren Ofen nie. Es wäre gemütlicher gewesen, wenn sie ein Holzscheit mehr verbrannt hätten. Jakob sass immer mit Jacke und Zipfelkappe am Ofen, damit er nicht fror. Um Silvester geriet er ausser Rand und Band, so sehr war er vom Silvesterchlausen fasziniert. Den kleinen Finger fest ins linke Ohr gedrückt, begann er zu jauchzen und jodeln. Er gehörte zum Buchen-Schuppel (Gruppe wüster Silvesterchläuse im Weiler Buchen) und war Schelli (Schellenträger).

In einem Jahr, als das Silvesterchlausen wegen der Maul- und Klauenseuche verboten war, chlauste der Buchen-Schuppel trotzdem, aber nur in der Nachbarschaft. Als Jakob Frischknecht alt und seine Frau gestorben war und er allein im Tal wohnte, ging er jeweils am neuen Silvester (1. Januar) mit ein paar anderen ab morgens zwei Uhr zu verschiedenen Häusern zum Früh-Chlausen, wie es damals noch Brauch war. Er nahm eine kleine Schelle mit und lachte wie immer. Die Zufriedenheit war ihm ins Gesicht geschrieben.

Wenn er ins Dorf ging, hielt er beim Hofbach an, jauchzte Albert Nef, genannt Stampf Älbi, zu und nahm manchmal mit ihm ein kurzes Zäuerli (Naturjodel), dann ging er weiter. Als Trine noch lebte, sagten die Leute: «Es ist gut, dass die beiden keinen Nachwuchs haben. Bei den krummen Beinen der beiden hätten ihre Kinder bestimmt Räder statt Beine bekommen!»

Von Braven und Sparsamen

Elsa Zuberbühler und Emma Schoop-Zuberbühler

«Potztausend», sagte Tante Emma und fuhr mit der flachen Hand über das Tischtuch, als ob es nicht richtig gebügelt sei und sie es glätten müsse. «Tausend auch, es ist nicht mehr wie früher!» Elsa nickte, als teile sie die Meinung ihrer Schwester, und räumte mit einem nervösen Augenzwinkern schnell das Eile-mit-Weile beiseite. Wenn sie Eile-mit-Weile spielten oder von ihrer Jugend erzählten, kamen die beiden Urnäscherinnen ins Feuer. Aufgewachsen waren sie in der alten Bank gegenüber der Druckerei Schoop.

Ihr Bruder, Alfred Zuberbühler, führte viele Jahre die Bank. Ihr Vater war Gemeindehauptmann und Oberrichter Konrad Zuberbühler, ihre Mutter eine Frick aus dem Heimwesen Hof, von Samuels, wie sie sagten. Dadurch waren sie väterlicher- und mütterlicherseits mit halb Urnäsch verwandt. Aber nicht nur mit halb Urnäsch. Verwandte lebten im ganzen Appenzellerland, in anderen Kantonen und in Amerika und Kanada. Grosszügig griff Tante Emma ins Portemonnaie, wenn sie am Jahrmarkt ein Kind aus der Verwandtschaft traf: «Potztausend, was du nicht sagst: Das Karussell kostet mehr als fünfzig Rappen? Und die Zwanzigerstückli Patisserie (Feingebäck zum Stückpreis von zwanzig Rappen)? Was, fast zwei Franken? Das darf nicht wahr sein! Als ich noch jung war, war alles noch viel billiger.»

Mit Zwanzigerstückli hatten Emma und Elsa ein unvergessliches Jugenderlebnis: Aus ihrem schmalen Taschengeld kauften sich die beiden in der Konditorei Engler Feingebäck.

Sie waren allein zu Hause und wollten sich dazu einen schwarzen Kaffee machen. Als sie sich an den Tisch setzten, kam Emma Frick, ihre Cousine vom Hof, zu Besuch. Blitzschnell liessen sie die feinen Sachen hinter dem Ofen verschwinden. Im Schrank fanden sie ein Stück trockenen Biberfladen, den sie zusammen mit Emma Frick im Kaffee aufweichten. Als sie endlich wieder allein waren, sahen sie sich bestraft: Die Katze hatte das Gebäck gefressen! Ein unappetitlicher Rest war zurückgeblieben. Die beiden verstanden das als göttlichen Wink.

Emma Frick heiratete später den Konditor Ueli Frehner von Herisau, und jedes Mal, wenn sie nach Urnäsch kam, brachte sie ihren beiden Cousinen eine Schachtel Patisserie mit. Und jedes Mal litten die beiden Schwestern wieder unter ihrem schlechten Gewissen. Auf die Frage, ob sie das ihrer Cousine nie erzählt hätten, schüttelten die beiden alten Schwestern den Kopf: «Bitte nein! Wir hätten uns ja schämen müssen.»

Der älteste Bruder von Emma und Elsa, Konrad, kaufte als junger Mann den Bauernhof in der Färche. Konrad sei schon als Bub ein richtiger Bauer gewesen und habe sich nie etwas sagen lassen. Darum habe er diesen Hof in der Färche eigenmächtig und ohne Geld gekauft. Alle seien erschrocken. Der Vater musste für Konrad bürgen. Zum Glück sei dann alles gut herausgekommen. Doch in den ersten Jahren hatte Konrad viel Unglück. Zwei seiner Kinder waren früh gestorben, eines an Diphtherie und das andere an der Schlafkrankheit. Die beiden Schwestern seufzten tief: «Aber im Übrigen hatten wir eine gute Familie. Wir wurden streng, aber gerecht erzogen.»

Der Vater war Fergger, die Mutter half ihm und führte die Bank, die später Alfred Zuberbühler übernahm. Alfred war ein lieber Mann, den alle gerne hatten. Nur ein Mal war er gar nicht lieb: Hanspeter Blaas bastelte sich als kleiner Bub eine Silvesterchlausenlarve, nähte ein paar Tannenäste an seine Jacke, legte sich eine kleine Schelle um und ging zum Chlausen vor die Bank. Doch Herr Zuberbühler, der immer so freundlich war, wenn er ihm das Sparschwein zum Leeren brachte, schimpfte mit ihm, als er vor der Bank die Schelle läutete. «Mach, dass du fortkommst! Du verdreckst mir die ganze Treppe mit deinen Tannennadeln!» Der kleine Silvesterchlaus erschrak so, dass er beinahe rückwärts die Treppe hinunterfiel. Er war sehr enttäuscht. Wer weiss: Vielleicht hat das dazu beigetragen, dass sich Hanspeter Blaas später als wüster, angsteinflössender Silvesterchlaus einen Namen machte. In jenen Jahren gab es in Urnäsch viele Leute, für die das Silvesterchlausen ein Bettelbrauch war. Elsa erzählte: «Oh, diese Silvesterchläuse! Als ich noch jung war, sprangen wir Mädchen jeweils weit fort vor ihnen. Einer zog mich einmal über einen Zaun. Ich hatte grosse Angst.»

Emma und Elsa waren ihrer Familie tief verbunden. Emma hatte im Alter von neunzig Jahren einen Unfall und wurde ins Spital gebracht. Alles deutete darauf hin, dass sie nach 24 Stunden Bewusstlosigkeit nicht mehr aufwachen würde. Plötzlich jedoch stieg ihr Blutdruck wieder, sie schlug die Augen auf, sah sich um und sagte, sie hätte Lust auf Kaffee und Brot. Der Arzt, der ganz überrascht ins Zimmer kam, wollte ihren Zustand testen und fragte sie nach ihrem Namen. «Hauptmann Zuberbühlers Tochter, Oberrichter, ja, Sie wissen schon.» Eine Stunde später war sie wieder voll da. Sie schrieb sogar ihren Namen auf: Emma Schoop-Zuberbühler, geboren 6.5.1896.

Von ihrem Vater, Hauptmann Konrad Zuberbühler, gibt es eine schöne Geschichte: Als sparsamer und wohlhabender Mann besass er viele Appenzeller Zeddel (private Schuldbriefe). Die Schuldner mussten jeweils an Martini (11. November) den Zins von vier Prozent bezahlen. Ein Bauer war immer im Rückstand. Einmal traf Hauptmann Zuberbühler diesen Mann in einem Restaurant im Dorf. Er erinnerte ihn daran, dass es Zeit sei, seinen Verpflichtungen wieder einmal nachzukommen. Da lachte der Bauer hämisch und sagte giftig:

«Ich hätte lieber keine Zeddel, wenn ich auf diesen kleinen Zins angewiesen wäre.»

In ihrer Kindheit mussten die Zuberbühler-Töchter in der ganzen Gemeinde und bis ins Innerrhodische den Stickern die Heimarbeit bringen und sie wieder holen. «Vater schärfte uns ein, mit den Katholiken anständig zu sein, das seien auch Menschen.» Er war ein geradliniger Mann, der die Leute zurechtwies, wenn sie gegen die Katholischen schimpften. Elsas Augenwimpern klimperten beinahe, wenn sie Emma entgegnete: «Aber die Katholiken waren auch frech. Bring lieber einen Säufer als einen Ausserrhoder heim, schärften die Innerrhoder ihren Töchtern ein. Ich hatte immer ein bisschen Angst, wenn ich die Urnäscher oder Hundwiler Grenze überschritt. Denn sobald man auf Innerrhoder Boden kam jenseits des Bachs im Jakobsbad beim Kloster Leiden Christi roch es anders als bei uns. Das war unheimlich. Ich kann es nicht erklären: einfach richtig katholisch.» Da nützten alle Entgegnungen nichts: Vielleicht sei gerade frisch Jauche ausgebracht worden. Elsa blieb bei ihrer Überzeugung.

Um das Kloster Leiden Christi kursierten viele Geschichten: Manche Urnäscherin ging heimlich ins Kloster, um Rat zu holen, wenn sie nicht mehr weiterwusste. Es hatte viele Leute, die sich verfolgt fühlten. In solchen Fällen spielte der Glaube keine Rolle, Hauptsache es half: Sie sollten mit dem Herrgott reden, drei Gebete sprechen und in der Klosterkirche drei Kerzen anzünden. Wenn ein Kind nicht schlafen könne, solle man ein Kreuz unter sein Bett legen. Einmal rieten sie einer Frau, deren Kind nicht aufhörte, das Bett zu nässen, eine Maus zu fangen, ihren Pelz unter das Bett des Kindes zu legen, die Maus zu kochen und dem Kind zu essen zu geben. Was an diesen Geschichten wahr war, lässt sich nicht mehr nachprüfen. Sicher ist, dass es eine Frau gegeben hatte, die alle diese Geschichten herumerzählt und selber geglaubt hatte. Elsa Zuberbühler hielt sich von solchen Dingen fern. Beten und mit dem Herrgott reden, sei schon recht. Im Übrigen war sie skeptisch gegenüber übernatürlichen Kräften. Es gebe Leute, die mehr könnten, als nur Brot essen. Wenn sie einen tiefen Glauben hätten, sei es gut. Wenn sie in Verbindung mit schwarzen Mächten stünden, sei das schlecht. Vor Jakob Tribelhorn habe sie als Kind Angst gehabt, obwohl er sicher ein guter Mensch gewesen sei. Er habe einfach mehr wahrgenommen als andere Menschen. Wenn jemandem etwas gestohlen wurde, konnte er den Dieb beschreiben, aber nur bis er durch das Wasser der Urnäsch oder durch einen anderen Bach gegangen sei. Immer an Jakobi (25. Juli) besuchte er die Sennen auf der Alp und schenkte ihnen Biberfladen aus einem Rückentragkorb, der fast grösser war als er selber. So feierte er seinen Namenstag, der bei den Reformierten nicht mehr gefeiert wurde.

Elsa Zuberbühler war nie verheiratet, aber sie brachte vielen Urnäscher Kindern das Klavierspielen bei, und jeden Sonntag sass sie in der Kirche an der Orgel. Darum nannte man sie Orgel-Else. Als Anfang der Siebzigerjahre in der Kirche ein Jazzkonzert stattfand, war sie entsetzt. Solche Musik gehöre nicht in ein Gotteshaus! Fast noch mehr regte sie sich über Appenzellermusik in der Kirche auf. Kirchenmusik und Naturjodel gehörten nicht zusammen, schon vom evangelischen Glauben her nicht. Sennisch und kirchlich seien zweierlei. Sie diskutierte mit dem damaligen Pfarrer und versuchte ihn davon zu überzeugen, dass solche Neuerungen verboten werden sollten. Die Kirche sei kein Tanzboden. Ein paar Jahre später änderte sie ihre Meinung. Ein unbekannter Aushilfsorganist spielte an einer Beerdigung so laut und falsch, dass Elsa, die als Verwandte unter den Trauergästen sass, nicht mehr ruhig sitzen konnte. Gut sei der Verstorbene schon beerdigt gewesen, sonst hätte er sich im Sarg umdrehen müssen, so schlimm habe es getönt, erzählte sie. Da wäre ein Zäuerli schöner gewesen. Das hätte nicht nur den Lebenden und den Toten, sondern auch dem Herrgott besser gefallen.

Elsa hatte ein gutes Musikgehör. Dennoch hatte sie während Jahren nicht gemerkt, dass in der Orgel, die 1941/42 gebaut wurde, zwei Pfeifen fehlten. Das kam erst aus, als an einem Kirchenkonzert ein auswärtiger Musiker auf der Orgel spielte. In der Orgelbauerei in Dietikon standen die beiden Pfeifen immer noch in einer Ecke, bestellt, aber nie abgeholt.

Das erste Mal nach dem Umbau der Orgel spielte ein Organist aus Winterthur im Gottesdienst. Er zog alle Register, und der volle Klang der Orgel erfüllte die Kirche. Ein Bauer schüttelte den Kopf. Ob die neue Orgel mit Teufelsgewalt schon bei der Einweihung kaputtgehen müsse. Ihm war das harmoniumähnliche sanfte Spiel von Elsa Zuberbühler lieber.

Was sich in der Kirche gehörte und was nicht, darüber gingen die Meinungen oft auseinander. Als 1968 das erste Kirchenkonzert stattfand, gingen die Organisatoren zum katholischen Pfarrer in der Zürchersmühle und fragten ihn, ob sie die schönen Kerzenständer aus seiner Kirche ausleihen könnten. «Ja, klar», antwortete dieser. Es freue ihn, wenn er etwas dazu beitragen könne, dass sich Reformierte und Katholiken etwas näherkämen. Der reformierte Kirchenpräsident war entsetzt: «Sicher keine katholischen Kerzen in unserer reformierten Kirche!» Er war einer der letzten, die den Graben zwischen reformiert und katholisch offenhielten. Es soll auch einen reformierten Lehrer gegeben haben, bei dem ein reformiertes Kind zur Strafe neben ein katholisches sitzen musste. Kaum zu glauben! Ein Reformierter verkaufte einem Katholiken kein Haus und ging in keinen Laden, der einem Katholiken gehörte. In Innerrhoden war das nicht viel anders. Zum Glück sind diese Zeiten vorbei.

Elsa Zuberbühler und Emma Schoop-Zuberbühler hörten im hohen Alter am Sonntag jeweils die Radiopredigt. Da gebe es einen Pfarrer, der so schöne Predigten halte, die schönsten von allen, und das sei ein katholischer Pfarrer. Sie hörten sich fast nur noch diese Predigten an. Eines Sonntags hatten sie Besuch von Frida Zöpfel, der langjährigen Freundin und Sekretärin des verstorbenen Ehemanns von Emma Schoop. «Du musst auch zuhören», sagten die beiden Schwestern. Ausgerechnet diese Predigt gefiel den beiden aber überhaupt nicht. «Diese Predigt war nicht so schön wie sonst, viel zu katholisch. Unglaublich katholisch!» Während Frida Zöpfel in der Küche das Essen zubereitete, tönte es aus dem Radio: «Sie hörten die evangelische Predigt aus der Johanneskirche in Basel.» – «Wie bitte!», rief Emma. «Das war gar nicht dieser katholische Pfarrer. Das war eine reformierte Predigt! Habt ihr gehört!» Elsa blinzelte wie immer und meinte diplomatisch, sie sei vielleicht ökumenisch gewesen. «Was, ökumenisch?», fragte Emma, «ach, so! Ökumenisch. Ich bin nicht für solche neuen Moden!»

Frieda Schmid und Anna Hug

Bis Anfang 1970 wurde der Kindergarten in Urnäsch von einem privaten Verein betrieben, der 1866 gegründet worden war. Während vieler Jahre führte Fräulein Frieda Schmid den Kindergarten, zuerst im Haus unterhalb der Kirche, später im Pfarrhaus. Als sie als Kindergärtnerin anfing, brauchte man noch keine Ausbildung, um auf dieser Stufe zu unterrichten. Frieda Schmid wurde auch Kindergartentante genannt und war mit einer grossen Portion Geduld und einem erstaunlichen Wissen darüber gesegnet, was dem lieben Gott gefiel und was nicht. Natürlich mochte er es nicht, wenn man wüste Wörter brauchte oder wenn man schwindelte. Die Fasnacht und das Tanzen mochte er auch nicht. Und ganz besonders missfielen ihm ungehorsame Kinder. Das Wort «Goofen» hätte sie nie in den Mund genommen. Dafür verwendete sie für alle Namen die Verkleinerungsform: Konradli, Walterli, Lisbethli, Yvönnli, Jacquelineli oder Hansueleli. Wenn zwei Kinder denselben Vornamen hatten, gab sie ihnen einen zusätzlichen Namen. Als sie einmal zwei Hanspeter hatte und einer von ihnen als Streithahn galt, war dieser der böse und der andere der liebe Hanspeterli. Sie meinte es nicht böse. Streiten passte einfach nicht in ihr Weltbild. Singen war ihr wichtig: «Oh du goldigs Sönneli», «Weisst du, wie viel Sternlein stehen», und Geschichten erzählen. Mit Engelsgeduld ging sie auf die Kinder ein und erklärte ihnen alles. Wenn sie merkte, dass es dem einen oder anderen langweilig war, schickte sie sie zu Anna Hug einkaufen. Meistens Guetzli!

Alle Kinder gingen gerne in Anna Hugs Laden. Nicht nur weil es dort so viele Süssigkeiten gab. Es gab auch sonst viel zu sehen. Reihen von Schubladen waren gefüllt mit Zucker, Reis, Gerste, Mais, Haferflocken oder Kaffee. Anna Hug füllte das, was der Kunde verlangte, mit einer kleinen Schaufel in Papiersäcke ab und wog sie. Was es kostete, musste sie im Kopf ausrechnen, es gab noch keine Kassen zum Tippen.

Auch sonst war Fräulein Hugs Laden einfach eingerichtet. Sie trug eine blitzsaubere Berufsschürze, ihre graublonden Haare bedeckte sie mit einem Haarnetz, damit kein Härchen an einen Ort fiel, wo es nicht hingehörte. In ihrem kleinen Laden hatte sie alles: Waschmittel, Sachen zum Nähen, Spielsachen, Geschirr, Hosenknöpfe, Wolle, Reissverschlüsse, Stofftaschentücher, Stricke aller Art, Striegel, Mausfallen, Rahmbonbons, Kaugummis und noch viel mehr. In einem grossen Blechkübel bewahrte sie die Wachholder-Latwerge auf. Mit einem riesigen Löffel schöpfte sie die dunkle, dickflüssige Masse sorgfältig in das Glas, das die Kunden mitgebracht hatten und das sie vor dem Einfüllen gewogen hatte. Nichts ging daneben. Auch Petrol verkaufte sie offen. Dafür mussten die Kunden einen Kanister mitbringen.

Wer im Winter frische Eier verlangte, wurde freundlich

darauf aufmerksam gemacht, dass die Hühner im Winter weniger Eier legten. Man müsse die Eier im Herbst einmachen. Ein paar frische habe sie schon, aber sie könne nicht mehr als drei oder vier geben. Was, zehn? Nein, das gehe nicht. Sie müsse für alle Kunden schauen. Ihr Gerechtigkeitssinn war ausserordentlich. Sie kaufte selber auch im Dorf ein. Meistens schickte sie Kinder aus der fünften oder sechsten Klasse einkaufen. Diese Aufgabe zweimal in der Woche war vor allem bei den Mädchen beliebt: sechs grüne Bananen bei Frau Wüthrich, das Fleisch abwechslungsweise von der «Taube» und vom «Löwen», die Milch in der Käserei. Die Milch kochte Fräulein Hug immer sofort ab und stellte sie in den Keller.

Noch lange waren ihr Kühlschrank und Waschmaschine nur von ferne bekannt. Auch als ihr schon ein paar Frauen im Dorf von diesen Neuheiten vorschwärmten. Welche Erleichterung das sei. Viele Frauen blieben bei der ersten Wäsche vor der eigenen Waschmaschine sitzen, glücklich über diese neumodischen Haushalthilfen liessen sie ihre Hände ruhen. Sie warteten und staunten, bis die Wäsche fertig gewaschen war. Die Waschmaschine – die beste Erfindung für die Frauen! Anna Hug probierte die Waschmaschine und den Kühlschrank bei Emma Schoop von der Druckerei zuerst aus, bevor sie so viel Geld ausgab: Man kauft doch keine Katze im Sack!

Mit Anna Hug haben alle Kinder gerne geredet. Sie war fröhlich und wusste viel. Eine Zeitlang bot sie den Schulkindern an, sie müssten das Fläschchen Fanta oder Coca-Cola, das sie bei ihr gekauft hatten, nicht auf einmal austrinken; sie könnten es stehenlassen und am folgenden Tag fertig trinken. Das wurde aber von der Schule aus verboten. Anna Hug hatte das bestimmt nicht aus Geschäftsinteresse gemacht, sondern um den Kindern eine Freude zu bereiten.

Ausnahmsweise war ihr Bruder Emil mit einer blauen Berufsschürze im Laden. Er hatte allerdings zwei linke Hände beim Bedienen der Kunden. «Anna», tönte es dann jeweils halb energisch, halb hilflos, «Anna, komm bitte!»

Emil Hug war blitzgescheit. Er wusste alles über Schweizer Geschichte und Geografie. Das Geschwisterpaar strahlte Harmonie und Zufriedenheit aus. Ohne je ein Aufheben davon zu machen, spielte es eine wichtige Rolle im Dorf. Anna Hug kam in grosse Aufregung, als die Lebensmittel verpackt und mit Verfalldatum geliefert wurden. Was sollte diese neue Mode? Zusammen mit Emma Schoop und Elsa Zuberbühler schimpfte sie: «Linsen sind doch fast ewig haltbar und Hülsenfrüchte auch. Bienenhonig auch. Zucker, Gerste und Hirse viele Jahre. Mais und Griess muss man einfach sieben, wenn es Ungeziefer drin hat. Vieles ist viel länger geniessbar, als auf diesen unnützen Packungen steht. Und sonst merkt man es dann schon selber.» Sie waren nicht die einzigen, die sich aufregten.

Auch Tante Schmid schaute bei Guetzli und Schokolade nicht aufs Verfalldatum. Sie kaufte sie, bewahrte sie auf und verschenkte sie irgendwann. Für eine Besorgung wurden die Kinder von der Kindergärtnerin mit einem Guetzli belohnt. Als der böse Hanspeterli einmal einkaufen ging und sie ihm kein Guetzli gab, fragte er sie, ob er nicht auch eines bekomme. Sie wies ihn zurecht: Fragen sei unanständig, darum bekomme er keines. Die Welt ist einfach ungerecht. Manchmal gerade wegen den Menschen, die sich ganz sicher sind, was Recht und was Unrecht ist. Die Kindergärtnerin wollte dem Buben nur den richtigen Weg zeigen. Sein Urteil wird der liebe Gott selber fällen.

Eine wichtige Erziehungsmethode von Tante Schmid war es, Kinder in die Ecke zu schicken. Während sie dort standen, machten sie nichts Dümmeres, und das erleichterte der Kindergärtnerin die Arbeit. Wenn die Buben am Abend zu Hause gefragt wurden, wie es im Kindergarten gewesen sei, antworteten sie häufig: «Ich weiss es nicht, ich musste in der Ecke stehen!» Das sei oft lustiger gewesen, als still auf dem Stuhl zu sitzen. Für Lisbeth war es aber kein schönes Erlebnis. Sie wurde in den Gang hinausgeschickt, weil sie, ohne zu fragen, einen Farbstift aus einer Schachtel genommen hatte. Dafür sollte sie sich draussen schämen. Es war ein gelber Farbstift gewesen, das vergass sie ihren Lebtag nie.

Fräulein Schmid und Fräulein Hug gaben beide Sonntagsschule: Tante Schmid im Tal und Anna Hug im Dorf. Sie baten die Kinder liebevoll, ein Fünf- oder ein Zehnrappenstück für die Sonntagsschulspendenkasse mitzubringen. Auf einem Holzkistchen kniete ein dunkelhäutiger Bub mit schwarzem Kraushaar und gefalteten Händen in einem weissen Hemd. Wenn eine Münze in den Schlitz der Kasse fiel, nickte die Figur mit dem Kopf. Die Augen der Sonntagsschullehrerinnen strahlten: «Seht ihr, das Negerkind bedankt sich bei euch! Das hat dem lieben Gott sicher gefallen.» Auf alle Fälle mehr, als wenn die Kinder übermütig waren.

In der Sonntagsschule bei Fräulein Hug malten ein paar Buben einen kleinen Panzer mit einem Kanonenrohr auf die Wandtafel. Anna Hug war ausser sich. Die Buben wurden umgehend nach Hause geschickt.

Die Tochter von Kaminfeger Knöpfel kam zum ersten Mal in die Sonntagsschule. Fräulein Schmid forderte sie auf, ein Lied zu singen. Das Mädchen begann zu zauren. Zauren hatte sie bei ihrem Vater gelernt, und das war für sie der schönste Gesang. Tante Schmid erschrak und schickte das Mädchen sofort nach Hause. Sie solle nicht mehr kommen. Das gehe nicht, Zauren sei eine weltliche Sache und habe nichts mit Religion und Sonntagsschule zu tun.

In der Kirche war Fräulein Schmid jeden Sonntag die letzte, die hereinkam. Damit sie alle sehen, behaupteten die Leute. Wahrscheinlicher ist, dass sie mehr Zeit brauchte, weil sie am Sonntag zu Fuss vom Tal ins Dorf ging. In den Kindergarten fuhr sie mit ihrem alten, schweren englischen Fahrrad, ausser wenn Schnee auf der Strasse lag. Mit diesem Fahrrad versuchten die Kinder zu fahren, wenn sie es nicht sah.

Eine der letzten Fotografien vor ihrer Pensionierung zeigt Tante Schmid mitten unter ihren Kindergartenschülern. Einer der Buben war grösser als sie. Sie schämte sich ein wenig und stellte sich darum auf einen Schemel. Wahrscheinlich vergass sie zu fragen, ob sie das dürfe oder nicht. Denn der liebe Gott war ja sonst auch nicht fürs Schummeln.

Der Lohn, den Tante Schmid für ihre Arbeit bekam, war bestimmt klein. Sie hatte nicht einmal eine Krankenkasse. Die erste Gemeinderätin in Urnäsch sorgte dafür, dass sie im fortgeschrittenen Alter noch in die Lehrerkrankenkasse aufgenommen wurde.

Dank ihrer Sparsamkeit und dem eigenen Haus genoss Frieda Schmid einen sorgenfreien Lebensabend. Sie bekam häufig Besuch von ehemaligen Kindergartenkindern. Ihre Freude darüber war jedesmal gross. Ihre Schülerinnen und Schüler blieben für sie Kinder, auch wenn sie schon lange erwachsen waren: «Schängli, möchtest du ein Guetzli?» Und Jean, schon lange erwachsen und verheiratet, nahm das Guetzli, das bestimmt schon etwas ranzig roch, dankend aus der Hand seiner ehemaligen Kindergartentante, wenn er ihr das Fleisch aus seiner Metzgerei lieferte.

Eine kurze Zeit verbrachte Tante Schmid im Altersheim Chräg. Als der Pfarrer sie besuchte, bat sie ihn, ihr «Fräulein» zu sagen. Obwohl es heute Mode sei, auch Unverheiratete mit «Frau» anzusprechen, möchte sie das Fräulein Schmid, das sie ihrer Lebtag war, bleiben. Am Silvester kamen Silvesterchläuse vors Altersheim. Eine Bise wehte. Wegen der Kälte hatten die Männer Mühe mit dem Zauren. Im oberen Stock öffnete sich ein Fenster. Fräulein Schmid guckte heraus. Nie war bei ihr zu Hause geklaust worden. Sie hielt nichts von diesem Brauch. Jetzt aber hörte sie zu und warf dem Schuppel ein Säcklein hinunter. Ein Bonbon für den Hals war drin.

Martin Gähler, genannt Gäälers Määrti

Martin Gähler war ein sprichwörtlich sparsamer Mensch. Er drehte den Franken nicht drei-, sondern zwanzigmal um, bevor er ihn ausgab. So konnte er von seiner AHV jeden Monat einen rechten Betrag auf die Seite legen. Bezüglich Kleider und Schuhe stellte er keine grossen Ansprüche, und betreffend Seife, Waschpulver und Putzmittel auch nicht. Ihm gehörte der stattliche Bauernhof im Bühl oberhalb Urnäschs. Man sagte, dass in diesem Haus Johann Ulrich Schmid gewohnt habe, der von 1655 bis 1682 Ausserrhoder Landammann gewesen war. Prunkvolle Tapeten, Malereien an den Wänden und wertvolle Möbel deuteten auf den einstigen Wohlstand früherer Haubesitzer. Die für heutige Begriffe altmodische und ärmliche Kücheneinrichtung könnte auch aus dieser Zeit stammen.

Martin Gähler hielt seine Bienenvölker im Schlafzimmer, und die Honigschleuder stand neben seinem Bett. Die Waben waren alt, aber seine Bienenvölker gesund. Ihre Haltung war mit wenig Aufwand verbunden, vor allem im Winter. Im Frühling öffnete Martin die Fluglöcher des Bienenstocks, und seine Bienen konnten ausfliegen: zum Löwenzahn rund ums das Haus herum, in den Wald und gegen den Säntis hinauf. Den Säntis, den er so gerne vor Augen hatte. Von hier wegziehen ins Dorf hinunter oder in ein Altersheim? Nein, niemals. Sein Vater, der ihm das Haus vererbt hatte, würde sich im Grab umdrehen. Martin würde den Säntis von keinem Ort her schöner sehen als von seinem Haus aus. Er war zufrieden. Mehr braucht man nicht zum Leben, wenn man langsam älter wird: draussen immer dürres Holz zum Zusammenbinden, etwas zu essen und im Winter eine warme Stube.

Mitten in der grossen Stube stand ein riesiger Fernseher. Das modernste im Haus. Sonst sah alles aus wie früher. Als Martin Gähler jung war, bewirtschaftete er seinen Hof selber, fuhr Traktor und Motorrad. Nicht ohne Stolz erzählte er, er habe drei mit Streue beladene Hornschlitten aneinander gehängt und sei so von der Streuwiese im Weiler Schönau zu sich nach Hause gefahren. Die Strasse war damals noch nicht geteert, und es hatte noch wenig Verkehr.

Als Martin Gähler ins Rentenalter kam, verpachtete er die Landwirtschaft. Mit seinem Motorrad fuhr er, bis er nicht mehr aufsteigen konnte. Am Schluss zog er sich von hinten auf den Sattel. Das Motorrad setzte sich manchmal in Bewegung, bevor er richtig oben sass. Als er einsah, dass Motorrad fahren nicht mehr möglich war, blieb ihm nur noch das Reiswellenbinden. Das machte er fürs Leben gern. Fast jeden Tag traf man ihn im Rank oberhalb seines Hauses am Reiswellenbock. Auch dann noch als ihm das Gehen an zwei Stöcken grosse Mühe machte und jeder Schritt mit Schmerzen verbunden war. Trotzdem kniete er nieder, um die kleinen Äste zusammenzulesen. Jedes Stückchen Holz hob er vom Boden auf: Es darf nichts verloren gehen!

Immer hatte Martin Gähler Angst um sein Geld. Er unterstellte allen Leuten, ihn ausnehmen zu wollen. Gute Freunde begleiteten ihn beim Einkaufen. Sie verlangten nie etwas für diesen Dienst. Eher hätten sie ihm etwas gegeben, als etwas von ihm anzunehmen. Ab und zu wollte er einem dieser Helfer für das Fahren einen Zweifränkler in die Hand drücken. Meistens winkten diese jedoch ab. Ausser Brot, Butter und Polenta kaufte Martin Gähler kaum etwas. Die Milch hatte er von seinem Pächter, der Klarapfelbaum beim Haus trug jedes Jahr Früchte, Alkohol trank er selten. Das Haus und die Werkstatt waren mit allem ausgestattet, was er brauchte, und er brauchte nicht viel. Jeder Nagel und jede Agraffe wurden nach Gebrauch wieder zurechtgebogen. Kleider brauchte er nicht mehr als die, die seit Jahren in seinem Schrank waren. Wenn etwas kaputt oder schmutzig war, kümmerte ihn das nicht gross. Die Wäsche wusch er in seiner uralten Küche, dort, wo er den Kachelofen für die Stube heizte und wo er auf dem Herd die Milch für sich und seine Katzen wärmte. Seine Katzen waren sein Ein und Alles. Mit viel Liebe fütterte er ihnen in Milch getauchte Brotstücke und redete mit ihnen. Er sammelte Steine. Bis er sie nicht mehr nach Hause tragen konnte, holte er Steine aus Bächen: grosse Steine, schwere Steine, Steine mit aussergewöhnlichen Formen. Er freute sich wie ein Kind darüber. Er stand oft bei seinem Steinhaufen neben dem Haus, und seine Augen leuchteten. Jeder Stein hatte eine Geschichte.

Die Grossmutter von Martin Gähler war Albertine Schweizer-Frischknecht, eine Bauersfrau, die im Ortsteil Mettlen in Urnäsch gelebt hatte. Sie war eine Heilerin gewesen. Scharenweise kamen die Leute aus Innerrhoden und von weither mit der Appenzeller Bahn, um bei ihr Naturheilmittel zu kaufen. Ihre Spezialität war eine unübertreffliche Zugsalbe und ein weisses, in Flaschen abgefülltes Elixier, das «die weisse Gottere» (die weisse Flasche) genannt wurde und gegen jederlei Erkältung half. Sie stellte das Mittel nach einem Geheimrezept selber her unter Zugabe von Schwefel, Magnesium und Wundertropfen. Ein anderer Nachkomme von Albertine, Hanspeter Walser, erzählte, sie habe in der Nebenstube so etwas wie eine Apotheke gehabt. Wenn sie eine «weisse Gottere» verkaufte, nahm sie jeweils vor den Kunden einen Schluck aus der Flasche, um zu beweisen, dass das, was sie verkaufte, gute Ware sei. Woher sie das Rezept hatte, wusste niemand. Zurückgeblieben sind nur ein paar leere Glasfläschchen. Schwefel und Magnesium wären sicher heute noch erhältlich, aber die Wundertropfen zu finden, dürfte schwieriger sein.

Martin Gähler erzählte nicht viel von sich selbst. Auch über seine Kindheit redete er nicht, nur ein Erlebnis erzählte er. Er sei fünf oder sechs Jahre alt gewesen, er wisse es nicht mehr genau, da sei seine kleine Schwester krank im Bett gelegen. Es war in der Zeit des Heuens, und die Eltern arbeiteten den ganzen Tag draussen. Da habe die Mutter zu ihm gesagt, er solle nach Hause gehen und schauen, wie es der kleinen Schwester gehe und ob sie noch lebe. Als er in das Zimmer gekommen sei, habe er sofort gemerkt, dass etwas nicht stimmte. Das Kind bewegte sich nicht. Auch als er es berührte, nicht. Da sei er sitzengeblieben und habe die kleine Schwester angeschaut. Er wisse nicht, wie lange. Plötzlich wurde die Zimmertüre geöffnet. Die Mutter schrie und schickte ihn hinaus. Leute kamen und gingen. Er habe die kleine Schwester nie mehr gesehen. Sie sei wohl geholt und beerdigt worden, aber mit ihm habe niemand darüber gesprochen und er traute sich nicht zu fragen. Sie sei einfach verschwunden. Als Martin Gähler das erzählte, liefen ein paar Tränen über seine Wangen.

Eine Zeitlang habe er eine Freundin gehabt, die bei ihm wohnte. Sie sei aber wieder gegangen. Vielleicht hatte sie aus seiner Sicht zu viel Geld gebraucht. Eingefleischte, sparsame Junggesellen können sich nur schlecht vorstellen, was ein Haushalt kostet.

Vielleicht erging es ihm ähnlich wie den beiden ledigen Kürsteiner Brüdern im Weiler Schwaderau. Viele Jahre lang besorgte ihnen ihre Mutter den Haushalt. Als sie alt war und nicht mehr arbeiten konnte, sagte ein Verwandter zu den beiden, es wäre nun Zeit zu heiraten. Da kratzte sich der eine im Haar und der andere meinte: «Ja! Im Sommer zum Heuen könnten wir schon eine Frau brauchen. Aber was machen wir mit ihr im Winter?» Sie hatten Angst, noch jemanden durchfüttern zu müssen.

Ein Beispiel von Martin Gählers Sparsamkeit erlebte ein Fremder: Ein Kunstfotograf war in verschiedenen Ländern auf der Suche nach alten Bauernhäusern und urchigen Menschen, die in ihnen wohnten. Im Museum Appenzell wurde er an Martin Gähler gewiesen. Nach dem Fotografieren wurde

Martin Gähler zum Nachtessen und einem Glas Wein ins Restaurant Schönau eingeladen. Nach dem Essen bedankte sich der Fotograf bei Martin und verabschiedete sich. Auch Martin wollte nach Hause gehen. Da bemerkte er, dass der Fremde ein wenig Mineralwasser im Glas stehengelassen hatte. «Aber das ist doch bezahlt», meinte er entrüstet, «das kann man doch nicht einfach stehenlassen. Das wird sonst ja weggeschüttet.» Er nahm das Glas und trank es aus.

Einmal im Jahr schaute Martin Gähler nicht aufs Geld, am Alten Silvester. Vom Mittag an sass er im Restaurant Säntisblick. Den Silvesterchläusen beim Zauren zuzuhören, war für ihn das Schönste. Erst recht, wenn bei einem Schuppel einer seiner Verwandten dabei war und ihm der eine oder andere Silvesterchlaus die Hand drückte. Wie viele andere ging er an diesem Tag nicht ins Bett und hatte gegen den Morgen einen Schwips, manchmal auch einen Rausch oder war sturzbetrunken.

Einmal musste er wegen einer Busse in die Tasche greifen. Das wurmte ihn. Früher floss das Abwasser der Bauernhäuser in die Jauchegrube. Auch alle anderen Häuser brauchten eine Jauchegrube, wenn sich die Leute den Luxus eines hölzernen Aborts mit Deckel leisten und ihre Notdurft nicht mehr draussen verrichten wollten. Vornehmer sagte man Abtritt, Häuschen, Läubchen oder stilles Örtchen. Die Hausjauche war begehrt als Dünger für die Wiesen. Es gab Bauern, die tauschten sie gegen ein Wasserrecht ein. Wasser kostete nichts, und es gab mehr als genug davon. Es galt weniger als Hausjauche! Das änderte sich mit den Hygienevorschriften und mit dem Bau der Kanalisation. Lange Zeit waren die Bauern beauftragt, im Dorf die Hausjauche einzusammeln – zuerst mit Jaucheschubkarren, dann mit hölzernen Jauchefässern, die von Ochsen oder Pferden gezogen wurden. Als der Anschluss an die Kanalisation für alle Liegenschaften obligatorisch wurde, grub Martin Gähler eine eigene Leitung. Er wollte damit Kosten sparen. Es wurde aber teurer für ihn, als wenn er sich von Anfang an an die Vorschriften gehalten hätte. Es erging ihm wohl wie jenem Innerrhoder, von dem heute in Appenzell noch erzählt wird. Er sagte, als er beim Erstellen der Kanalisationsschächte zusah: «Wer hätte gedacht, dass das Scheissen einmal teurer wird als das Essen!»

Martin Gähler musste am Ende seines Lebens für kurze Zeit ins Altersheim nach Hundwil. Er litt unter Heimweh, aber nicht nur das: Das Geld, das dieser Aufenthalt im Altersheim kostete, reute ihn. Er genoss zwar die Annehmlichkeiten des Badens, der Pflege und des Umsorgtwerdens. Aber daheim hätte er günstiger gelebt. Doch das war nicht mehr möglich. Ein paar Mal durfte er sein Haus noch geniessen, durfte den Tag über in seiner Stube sitze. Er ging sogar nochmals hinauf zum Rank, um Reiswellen zu machen. Drei Reiswellen, die lotterten! Er taugte zu nichts mehr. Früher waren es zwanzig gewesen pro Tag, und die waren straff gebunden. Martin schaute hinauf zum Stein (Ausdruck für den Säntis). Dabei leuchteten seine blauen Augen, bei denen man nie wusste, ob man in den Himmel oder ins Wasser blickte, noch mehr als sonst. Vom Friedhof aus sieht man den Säntis. Den Grabstein von Martin Gähler ziert ein Relief des Bergs, der ihm alles bedeutete, und der ihn das ganze Leben begleitet hatte.

Von Wirtschaften und Wirtsleuten

Wirtinnen mit dem Herz auf dem rechten Fleck

Für manche Männer war der Wirtshaustisch ein Ort, um Abstand vom Alltag zu gewinnen. Viele Wirtsfrauen nahmen die Rolle eines Pfarrers oder Psychologen wahr – eine Aufgabe, die heutzutage in Ermangelung von Wirtshäusern die Friseurin oder die Kioskfrau wie selbstverständlich übernimmt. Bestimmt gab es auch Wirtsleute, die nur auf ihren Profit aus waren, aber die grosse Mehrheit hatte das Herz auf dem rechten Fleck. Doch sie mussten viel erdulden: dumme Sprüche, nicht Feierabend machen können, weil ein Gast hinter seinem Bier sass und einfach nicht nach Hause ging. Man kann sagen: Zum Glück war um zwölf Uhr Polizeistunde!

Der Wirtshaustisch war aber auch Treffpunkt am Feierabend. Dort vernahm man, was im Dorf und auf der Welt los war, dort wurden Geschäfte eingefädelt, es fanden Nachsitzungen statt, bei denen bei einem Glas Wein erst die guten Ideen kamen und Entschlüsse gefasst wurden. Nicht umsonst spricht man von der Wirtsstube – die Stube ist ein Ort, wo man sich zu Hause fühlt.

In Urnäsch zählte man einst sechzig Wirtschaften bei knapp 3000 Einwohnern. Dabei muss man wissen, dass fast alle Wirtschaften Nebenerwerbsbetriebe waren. Daneben wurden Landwirtschaft, eine Metzgerei, Bäckerei, ein Coiffeurgeschäft oder, noch früher, eine Fuhrhalterei betrieben. Kegelbahnen gab es in den Wirtschaften Rose, Bahnhof, Ruppenbädli und Sonne.

Wenn verheiratete Männer zu viel getrunken hatten, wollten sie meist nicht mehr nach Hause gehen: Sie hätten eine böse Frau. Dann spielten sie die starken Kerle und rissen Witze über die Frauen. Dass die Frauen manchmal lauthals schimpften, war nicht verwunderlich. Viele wussten kaum, wie sie genug zu essen auf den Familientisch bringen sollten, und ihre Männer versoffen das Geld.

Die Frauen im Haus und die Männer im Wirtshaus! Die Frauen seien nicht mehr nett mit ihnen, darum gingen sie ins Wirtshaus. Weil die Männer immer im Wirtshaus hockten, seien die Frauen nicht mehr nett mit ihnen. Ein Teufelskreis! Wenn nur nicht so viel Alkohol getrunken worden wäre. Manchmal ging es hoch zu und her. Einmal setzten Gäste eine Wirtin in ihrer Gaststube auf den Ofen, so dass sie nicht mehr hinunterkonnte. Die Männer bedienten sich danach selber.

In einer Wirtschaft ausserhalb von Urnäsch bestellte ein junger Bursche einen Kaffee. Die Wirtin habe eine Kupferbettflasche vom Ofen herabgenommen und daraus heisses Wasser in ein Glas mit etwas Pulverkaffee geleert.

In eine andere Wirtschaft kehrte ein Prediger ein und wollte die Gäste bekehren. Sie sollten weniger trinken und einen besseren Lebenswandel beginnen. Ein paar Leute aus dem Armenhaus waren darunter. Was sie denn tun sollten, fragten sie. Zum Beispiel die Bibel lesen und wieder einmal über die Sakramente nachdenken, schlug der Prediger vor. «Sakramente? Das ist gut!» Sie schlugen mit der Faust auf den Tisch und einer schrie lauter als der andere Worte, in denen Sakrament vorkam. Der fromme Mann wurde bleich, verliess das Wirtshaus rückwärts und rannte davon, so schnell ihn seine Füsse trugen.

Boli, ein bekannter Name

Es gab auch Gelegenheitstrinker, die hart arbeiteten und manchmal am Wochenende oder an einem Fest über die Stränge schlugen. Zu diesen gehörten Jakob Rechsteiner, genannt Bolis Jock, und sein Bruder Emil, genannt Bolis Migg. Bolis Migg hatte an seinem Mercedes die Autonummer AR 845 – Viertel vor neun Uhr! Er ging Chlausen und war Vorreiter in der Blochmannschaft. Weiterum war er als guter Viehhändler bekannt und als einer, der Bauern, die in Not waren, unterstützte. Alle seine Geschäfte und seine Geldgeschäfte besiegelte er – wie früher üblich – mit Handschlag. Das galt. Wenn er aber zu viel Alkohol getrunken hatte, war er unausstehlich. Mehr als ein Mal trat er barfuss in einen warmen Kuhfladen und ging ins Gemeindehaus, dort die Treppe hinauf in das Büro des Gemeindepräsidenten oder des Gemeindeschreibers. Sehr zum Ärger der Frau des Gemeindeschreibers, die den Teppich wieder reinigen musste.

Eines nachts fiel Bolis Migg beim Restaurant Kreuz in den Bach. Es war November und kalt. Er war mit dem Kopf aufgeschlagen und hatte das Bewusstsein verloren. Am Morgen wurde er tot gefunden. Sein Vater Johannes Rechsteiner vom Weiler Steinenmoos war auf die gleiche Art gestorben: Nachdem er auf der Gemeindeverwaltung die Geburt seines zwanzigsten Kindes gemeldet hatte, fiel er auf dem Weg nach Hause in einen Graben und erfror. Gefunden wurde er erst ein paar Tage später.

Zwanzig Kinder, elf von der ersten und neun von der zweiten Frau. Wenn am Morgen die Hebamme im Haus war, konnte man annehmen, es sei wieder ein Kind auf die Welt gekommen, erzählte eine der Töchter. Die erste Frau verblutete bei der Geburt von Drillingen. Dank der Geistesgegenwart des Vaters hat eines der drei überlebt, die anderen erstickten im Fruchtwasser. Als dieses als Schulmädchen die

Schoppenflasche für ein kleineres Geschwister auf einem Spirituskocher hätte wärmen sollen, fingen seine Kleider Feuer. Einen Arzt für die Behandlung der Verbrennungen konnte sich die Familie nicht leisten.

Nachdem Johannes Rechsteiner gestorben war, wollte die Gemeinde die jüngeren Kinder ins Waisenhaus stecken, doch die Mutter wehrte sich vehement dagegen. Die älteren Kinder waren bereits früher weggebracht worden. Manchmal ging die Mutter mit einer Reiswelle ins Dorf, um sie gegen etwas Essbares einzutauschen. Es gab jeden Tag dreimal Kartoffeln. Die pflanzten sie selber an. Wenn ihnen nicht die alte Frau Müller von der Wirk- und Strickwarenfabrik im Dorf hin und wieder Geld zugesteckt oder einen Laib Brot bringen lassen hätte, hätten sie kein Brot gehabt.

Bolis Migg war das älteste Kind der zweiten Frau von Johannes Rechsteiner, Bolis Jock der älteste der ganzen Familie. Bolis Jock übernahm den Bauernhof und bewirtschaftete viele Jahre die Alp Ober Gerstengschwend.

Die Familie Boli hat noch mehr Nachkommen in Urnäsch. Die Bezeichnung Boli für Rechsteiner geht weit zurück. Eichmeister, Wildhüter und Strassenmeister waren die Vorfahren. Der Name Boli wird um 1880 im Alpbuch erwähnt. Aus dem gleich Stamm kommt auch Johann Bartholome Rechsteiner, genannt Goldböli. Sein Leben wird in den Schriften «Glanz und Elend eines Appenzeller Erfinders» und «Findige Appenzeller und Appenzeller Erfinder», beide von Hans Amann, erzählt.

Von August Künzli, der bei der Firma Biasotto gearbeitet hat, wird in Urnäsch heute noch erzählt. Einmal kaufte er im Wirtshaus Sternen einen Servela, in der «Sonne» ein Brötchen, im «Säntisblick» ein Bier und verlangte im «Schiff» Besteck, um alles essen zu können. Die Wirtin ging wütend auf ihn los. «Das nächste Mal werde ich rückwärts in die Wirtsstube eintreten», sagte Künzli, «dann bin ich schneller wieder draussen.» So würde er im schlimmsten Fall nur den Schuh in den Hintern kriegen. Im Militärdienst im Thurgau habe er einen Stier losgebunden. Dafür erhielt er Arrest.

In den 1950er-Jahren betrieb der Turnverein vom Restaurant Schiff im Tal bis zum «Säntisblick» in der Zürchersmühle auf der Hauptstrasse Ski-Jöring mit Pferden. Schnee auf der Strasse gehörte damals zum Winter.

Die Wirtin im «Säntisblick» im Tal hatte ein grosses Herz für Menschen, denen ihre Gaststube ein Stück Heimat war. Manchmal an einem Sonntag, sicher aber immer an Weihnachten, lud sie sie zu einem Gratis-Essen ein. Das dauerte bis zehn Uhr abends. Sie wollte nicht, dass diese Menschen den Heiligabend allein verbringen mussten. Sepp Lienhard war auch immer dabei, ein kleinwüchsiger Mann, den alle im Dorf gern hatten. Wenn er mit dem Handwagen vom Tal ins Dorf ging, nahm er vor allen, die ihm begegneten, Achtungsstellung an, hob die Hand an seine Militärmütze und salutierte – auch vor den Kindern, die dem kleinen Mann oftmals von weither entgegenrannten. So stillte er seine Sehnsucht nach dem Militär, das ihm wegen seiner Kleinwüchsigkeit versagt geblieben war.

An einem kalten Abend kam ein Waldarbeiter in die Wirtsstube. Es war Hannes Ammann, genannt Trullalla. Er habe den ganzen Tag gearbeitet und noch nichts gegessen. Er habe Hunger, aber kein Geld. Die Wirtin hiess ihn absitzen. Ihr Mann habe gerade einen Dachs erlegt. Wenn er die frische Leber wolle, könne er sie gratis haben. Trullallas Gesicht hellte sich auf. Bald waren ein währschaftes Stück Brot und ein Teller mit der im Butter gebratenen Leber vor ihm auf dem Tisch. Dieses kleine Geschenk vergass er der Wirtsfrau nie. Und die Wirtsfrau erzählte viele Jahre später, sie sehe diesen Mann immer noch vor sich, wie er alles sauber aufgegessen habe.

Hermann Martin, genannt Blitzchog

Die Wirtschaft Adler nahe beim Dorfplatz hatte eine kurze und wechselvolle Geschichte. Johannes Lemmenmeier liess das prächtige Haus 1903/04 erbauen. Zwanzig Jahre später brannte das Haus, wahrscheinlich durch Brandstiftung, völlig ab. Der «Adler» wurde in einem völlig anderen Stil wieder aufgebaut und 1964 wieder abgerissen, weil der Detailhändler Coop die Liegenschaft gekauft hatte, um darin eine Filiale zu eröffnen.

Dazwischen war die Zeit von Hermann Martin. Er sei ein eingekaufter Schweizer, erzählte Hermann Martin in seinem schwäbisch gefärbten Dialekt. Als junger Mann war er aus Krummbach in Baden-Württemberg vor dem Ersten Weltkriegs nach Urnäsch gekommen. Der grossgewachsene Mann erregte einiges Aufsehen. Babette Tanner vom Tal, die bereits mit einem anderen Mann verlobt war und kurz vor der Heirat stand, verliebte sich Hals über Kopf in den schönen Fremden und gründete kurz darauf mit ihm eine Familie. Als Rossknecht hatte er eine Stelle angetreten und bald übernahm er als Pächter den «Adler». Er war arbeitsam, aber rau und vorwitzig. Bald nannten ihn alle Blitzchog. Mit seiner zarten Babette, die ein Stück kleiner als er war und die immer still arbeitete, sei er nicht liebevoll, sagten die Leute. Andere behaupteten das Gegenteil: Er sei ein unflätiger Mensch, aber seine Frau liebe er.

Im Dorf machte er sich bald einen Namen. Eines der ersten Autos weiterum gehörte ihm, ein altertümliches Gefährt mit einer Hupe, die aussen angebracht war. Er wurde Dienstfahrer der Ortswehr Urnäsch, und das gefiel ihm. Alle Arten von Fahrten führte er durch: Hochzeiten, Leichentransporte, Ausflugsfahrten auf die Schwägalp. Viele Kinder sassen zum ersten Mal in einem Auto, wenn Hermann Martin die Kinder, die beim Kinderfest bei ihm zum Mittagessen eingeladen waren, auf eine kleine Rundfahrt mitnahm.

Er handelte auch mit Antiquitäten. Wahrscheinlich war er einer der Ersten, der den Wert von mit Bauernmalereien verzierten Schränken erkannt hatte. Kaufen, einlagern, wieder verkaufen. Er sammelte Blech und Eisen und holte das Altpapier aus der Druckerei Schoop. Alles lud er in sein Auto und verkaufte es weiter. Als am 21. Juli 1944 an den Silberplatten (Berg im Alpstein) ein Bomber zerschellte – wer sammelte die Trümmer ein? Blitzchog Hermann Martin.

Sein Altwarenlager befand sich in einem Schuppen neben dem Schulhaus Mettlen. Als einmal ein Bub dort eindrang, verhaute er ihn.

Sonst aber diskutierte er gerne mit den Urnäscher Jugendlichen und brachte den Burschen das alte Kartenspiel Trenten bei. Als im Oktober 1957 der russische Sputnik als erster Satellit ins All geschossen wurde, rief er lautstark, das sei alles erstunken und erlogen. Man solle diesen Nachrichten nicht trauen. Die Russen wollten den Menschen nur etwas vormachen: «Glaubt nicht alles, was erzählt wird!» Es sei unmöglich, Raketen auf den Mond zu schiessen. Hermann Martin glaubte nur, was er glauben wollte, und sah nur, was er sehen wollte.

«Ich weiss nicht», war eine beliebte Redewendung bei ihm. «Schau, das Wetter wird schön, die Scheiben im Armenhaus glänzen», sagte der alte Bänziger vom Wirtshaus Löwen. Blitzchog blickte durch seine Sonnenbrille mit den nach oben spitz zulaufenden Gläsern, die er fast immer trug, und sagte: «Ich sehe nichts.» Als er Bänziger das nächste Mal traf, schaute Blitzchog Richtung Armenhaus und rief: «Schau, es gibt schönes Wetter, die Scheiben im Armenhaus glänzen!»

Der Alkohol und die vielen Wirtschaften in Urnäsch, bei denen Hermann Martin als Adler-Wirt Gegenbesuche machen musste, waren für ihn eine Versuchung, der er nicht widerstehen konnte und wollte. Manchmal ging Babette nachts auf die Suche nach ihrem Mann, und mehr als einmal fand sie ihn stockbesoffen im Strassengraben und brachte ihn nach Hause.

Später wurde das Restaurant Adler mit der dazugehörenden Metzgerei von seinem Sohn, der Metzger gelernt hatte, übernommen. Zum Betrieb gehörte auch eine schöne Gartenwirtschaft mit grossen Kastanienbäumen. Die Wirtschaft hatte einen guten Namen und wurde von einer Tochter von Hermann Martin geführt. Er selber zog mit seiner Frau in sein Haus in der Au unterhalb des Dorfs. Häufig sass er bei einem Bier im «Löwen» oder im «Sternen». Dieses musste kalt sein, eiskalt, sonst schimpfte er. Am Samstag bestellte er immer einen Doppelschüblig (Wurst), heiss auf einem heissen Teller. Das letzte Stück der Wurst packte er jeweils ein und brachte es seiner Babette nach Hause.

Am Samstag habe die Grossmutter immer Gerstensuppe gekocht, erinnert sich heute ihr Grosskind Willi Martin. In der Suppe sei nichts gewesen ausser Gerste, Wasser und ein bisschen Salz. Er habe die Suppe fast nicht essen können. Bienenhonig habe es nie aufs Brot gegeben; nur wenn jemand den Husten hatte, bekam er einen Löffel in Milch aufgelöst. An Weihnachten jedoch bekamen alle Grosskinder ein Fünffrankenstück. Das war damals viel Geld. Die Grossmutter war eine zarte Frau. Um ihrem Mann die Schuhe zu binden, kniete sie vor ihm nieder. Wenn sie es in seinen Augen nicht richtig oder schnell genug machte, versetzte er ihr einen Stoss. Der war manchmal so heftig, dass sie auf den Rücken fiel.

Hermann Martin starb, als er fertig angezogen war, um an die Basler Mustermesse zu gehen. Er stand vom Tisch auf und wollte mit Babette aus dem Haus gehen, als er umfiel. Nichts hatte seinen Tod angekündigt. Das Einzige, was er in den letzten zwei Wochen seines Lebens verändert hatte: Er wollte sein Bier nur noch temperiert trinken. Ein Blitztod, passend zu einem Blitzchog.

Von Armenhäuslern und Taglöhnern

Immerhin eine warme Stube

In vielen Gemeinden gehörte zum Bürgerheim ein Landwirtschaftsbetrieb. Von 1940 bis 1955 führte das Ehepaar Hans und Ida Alder, die Eltern des Brauchtumsmalers Ruedi Alder, das Armenhaus und Bürgerheim Chräg (Ortsname). Von der Armenmutter wurde eine Präsenz rund um die Uhr erwartet. Für die Betreuung von sechzig Leuten und mehr, einmal sind 95 gezählt worden, hatte sie zwei Mägde zur Unterstützung. Die Bewohner, damals nannte man sie «Insassen», mussten mitarbeiten. Alle hatten ihnen zugeteilte Aufgaben: Wäsche waschen – von Hand im Siedhafen, flicken, putzen, einfeuern, in der Küche helfen, im Garten anpflanzen, jäten, das Gemüse ernten und haltbarmachen.

Die Männer waren dem Armenvater zum Arbeiten in der Landwirtschaft zugeteilt. Es wurde noch alles von Hand gemacht: mit der Sense mähen, das geschnittene Gras verzetteln und, zu Büscheln zusammengebunden, auf den Heuboden tragen. Bei Heuwetter standen zehn bis zwölf Männer in einer Reihe beim Mähen. Maschinen gab es erst später. Die Kühe wurden von Hand gemolken. Viele Männer halfen beim Binden von Reiswellen, andere sammelten mit einem Wagen, gezogen von zwei Ochsen, im Dorf den Kehricht ein. Im Sommer 1956 schlug bei einem Gewitter ein Blitz in beide Ochsen und erschlug zwei Männer.

Im Winter mussten die Insassen den Weg vom Chräg bis in die Strasse hinunter mit einem hölzernen Schneepflug und Schaufeln vom Schnee befreien. Jeden Tag holte ein Mann mit einem Rückentragkorb Brot. Elf Bäckereien gab es damals noch im Dorf. Jede durfte einen Monat lang das Bürgerheim beliefern. Die Bäckerei, die am weitesten weg vom Dorf lag, war diejenige im Weiler Tell. Mit einem Handwägelchen machte einer der Insassen täglich einen Monat lang bei jedem Wetter den Weg hin und zurück. Bis die nächste Bäckerei an die Reihe kam, hatte er ein paar Schuhe durchgelaufen. Es ging im Heim auch darum, die Leute zu beschäftigen. Zwei Männer arbeiteten als Totengräber, vier Männer mussten regelmässig die Kirchenglocken läuten. Das ging damals noch nicht elektrisch. Sonntags und bei Beerdigungen war dies eine strenge Aufgabe. Ein Mann, der nicht mehr gut bei Kräften war, machte Kleinholz zum Anfeuern. An ihrem Geburtstag bekamen die Insassen ein Spiegelei. An Weihnachten gab es für alle eine Bratwurst. Dann wurde der grosse Esssaal festlich geschmückt. Während des Jahres assen Männer und Frauen getrennt in der Männer- und in der Frauenstube. Wenn auch der eine oder andere nicht immer gute Laune hatte, bei Alders hatte es allen mehr oder weniger gefallen. Die Heimeltern waren gut zu den Leuten. Sie wurden mit «Vater» und «Mutter» angesprochen. Es ging einfach zu und her. Fast jeden Tag gab es einmal Hafermus. «Hafermusfresser» wurden sie denn auch manchmal von den Dörflern genannt. Man darf die damaligen Verhältnisse nicht mit den heutigen vergleichen. In jenen Jahren hing der Brotkorb in vielen Familien hoch. Fleisch kam bei den Ärmeren nur selten auf den Tisch, und wenn, dann in Form von Kümelwürsten, Innereien, im besten Fall Kutteln. Man erzählte sich von einem Mann, dessen grösster Wunsch im Leben es war, einmal ein ganzes Kotelett essen zu dürfen.

Eine Familie, die ein kleines Heimwesen auf dem Weg zur Hochalp hinauf bewohnte, musste einen langen, strengen Winter auf den Ofen verzichten. Sie hatte nur eine kleine Feuerstelle zum Kochen. Der alte Ofen war kaputt, für einen neuen reichte das Geld nicht. Es musste erst zusammengespart werden. Die Frau und die Kinder schliefen im Kuhstall, damit sie weniger froren. Die Leute im Bürgerheim hatten immerhin eine warme Stube.

Von Vögeln, die im Frühling ausflogen

Im Herbst, gewiss aber beim ersten Schnee, fand einer nach dem andern den Weg ins Bürgerheim. Alle wussten: Auch wenn sie gehorchen und sich anpassen mussten, dort gab es zu essen, ein Bett und eine warme Stube für alle. Niemand wurde von den Armen-Eltern abgewiesen. Es kam vor, dass sie Notbetten aufstellen mussten. Im Frühling, wenn die Vögel zu zwitschern begannen, flogen auch die Armenhaus-Vögel wieder aus. Wenn jemand etwas anstellte und ein paar Wochen eine Freiheitssttrafe in der Strafanstalt Gmünden (kantonale Anstalt bei Teufen AR) verbüssen musste, hiess es, er arbeite eine Weile bei Gmünder (Familienname) in Teufen.

Ein alter, lediger Innerrhoder Bauer, man nannte ihn Steg Franz, war viele Jahre später Bewohner im Bürgerheim Urnäsch. Auch er ging jeden Tag ins Dorf hinunter zum Einkaufen. «Jaja, ich glaube es. – So,so. – Ja, was du nicht sagst! – Man könnte es meinen!», waren die Worte, die man von ihm am häufigsten hörte. Wenn im Altersheim Chräg, das in der Zwischenzeit auch ein Pflegeheim war, jemand gestorben war, meinte er: «Ist gut, konnte sie sterben. Sie lag nur noch im Bett und hat nichts mehr realisiert. Sie nützte gar nichts mehr, das kannst du mir glauben.»

Zu erwähnen sind auch die vielen Hausierer, die von Haus zu Haus zogen. Die Krämerin Anna Rutz hinkte und ging bei jedem Wetter von Haus zu Haus. Eine andere verkaufte Biberfladen, und Salam-Ueli (Salam = Wurst, Ueli = Kurzform von Ulrich), der in Urnäsch im Waisenhaus aufgewachsen war, trug für die Metzgerei Taube Fleisch aus. Er erzählte, dass er zu seinem Glück eine gute Patin hatte, eine Witwe ohne Nachkommen mit einem eigenen Haus. Das Haus wollte sie vor ihrem Tod Ueli vermachen. Weil sie nicht mit ihm verwandt war, gab es nur eine Möglichkeit, dies zu tun: heiraten. Aber nur auf dem Papier. So kam Ueli zu einem Haus und zu einer Frau, die doch nicht seine Frau war. Als die Patin gestorben war, wollte er fort von Urnäsch. Das Häuschen wollte er nicht mehr, darum verkaufte er es. Ein paar Jahre später lernte er eine Frau kennen und heiratete sie. Nun hatte er zwar eine Frau, aber kein Haus mehr.

Johann Mösli, genannt der starke Mösli

Ein ganz besonderer Taglöhner und Gelegenheitsarbeiter war der starke Mösli. Er war weitherum bekannt. Er tauchte in jedem Dorf im Appenzeller Hinterland auf, und bis heute erzählt man die eigenartigsten Geschichten über ihn.

Einmal spannte er ein verletztes Pferd aus und zog den Wagen selber. Es heisst auch, im Rossfall sei einmal ein Zweispänner steckengeblieben. Mösli habe das Fuhrwerk allein und ohne Hilfe wieder fahrtüchtig gemacht.

Er wurde als drahtiger Mann beschrieben, nicht gross, mit leicht gebogener Nase, Kraft wie ein Stier, Pranken wie ein Bär und Fingern wie Würste. Er war überall und nirgends zu Hause. Er wanderte von Dorf zu Dorf und von Wirtschaft zu Wirtschaft. Er schlief meist in Ställen. Er tauchte plötzlich auf. Die einen erschraken, die anderen freuten sich: Hannes Mösli! Wenn er nur nichts anstellt! Hannes Mösli, der kommt uns grad gelegen. Was der tragen kann, trägt sonst niemand. Wir können ihn gerade gut gebrauchen. Bestimmt hat er kein Geld mehr, dann packt er an. Ja, für eine Weile, und dann verschwindet er wieder. Ja, man muss es vermögen, ihm aufzutischen, was er zu essen vermag. Aber sich hineinknien, das kann er. Wenn er mäht, muss man einen Korkzapfen an die Sensenspitze stecken, für den Fall, dass er sich dreht. – So tönte es unter den Leuten.

Als Bürger von Gais kam er in der Gemeinde Hundwil 1885 als jüngstes von siebzehn Kindern auf die Welt. Eine seiner Schwestern, Babette, wohnte in der Nähe des Weilers Chronbach, im Mushäldeli an der Grenze zu Urnäsch, in einer kleinen Wohnung. Zu ihr ging er immer, wenn er kein Geld mehr hatte.

Sein Geld verdiente er als Taglöhner: Er half den Bauern beim Heuen und den Handwerkern bei schweren Arbeiten. Er wurde von Gemeinden und vom Kanton angefragt, wenn Muskelkraft gefragt war. Schon als junger Bursche, noch im Präparandenunterricht, trug er zwei volle Mehlsäcke in die Hinteregg (Ortsname) hinauf.

Einmal wurde er gefragt, ob er ein Eichenfass auf die Alp Spitzli trage. Auf der Alp gab es kein Wasser. Man wollte darin Regenwasser für die Tiere auf der Alp sammeln. Für fünfzig Franken mache er es, sagte Mösli. Das war damals viel Geld. Wie er das schwere Fass hinaufgebracht hatte, weiss niemand. Sicher nicht unter dem Arm. Auf einem Gestell, auf den Achseln oder auf dem Kopf? Sicher ist, dass er es hinauftrug. Die Verantwortlichen erwarteten ihn bereits. Als das Fass oben war, versuchten sie, den Preis zu drücken. Fünfzig Franken seien schon etwas viel, ob er es nicht es etwas wohlfeiler machen könne. Wenn sie nicht bezahlen wollten, meinte Hannes trocken, nehme er das Fass gleich wieder mit ins Dorf.

Einmal trug er eine mehr als hundert Kilo schwere Eisenplatte auf die Alp Lauftegg, ein anderes Mal einen 160 Kilogramm schweren Ofen in ein Bauernhaus in Hundwil.

Als 1944 in Urnäsch der Skilift gebaut wurde, so wird erzählt, trug er eine Kabelrolle mit 200 Kilogramm Gewicht auf die Osteregg. Weil der Boden an einer Stelle weich war, sank er mit seinen Stiefeln ein. Es brauchte ein paar Männer, die ihn festhielten, damit er aus den Stiefeln schlüpfen konnte. Die Kabelrolle stellte er dabei nicht ab. Diese Geschichte wird auch Johannes Fuchs, mit dem Spitznamen Bölere, zugeschrieben. Böler war jünger und zu dieser Zeit wohl auch kräftiger als Hannes Mösli. Die beiden waren oft miteinander im Bömmeli bei Hans Schoch, dem mehrfachen Langlauf-Schweizer-Meister.

Hans Schoch war auch ein Haudegen. Sie schaufelten miteinander von Hand Kies aus dem Bach und luden es auf Wagen. Die Seilwinde, die andere benötigt hätten, war für sie überflüssig. Manchmal gab es ein Fest im Bömmeli. An der Handorgel hatte Hannes Mösli grosse Freude. Ob er versuchen wolle, selber darauf zu spielen? Geschickt habe Hannes das Instrument in die Hände genommen und zur Überraschung aller ganz gut gespielt. Allerdings hätten sie alle Angst gehabt, dass Hannes die Handorgel zu fest zusammendrücke. Aus diesem Grund getrauten sich viele Leute nicht, ihm die Hand zu geben.

Manchmal wurde Hannes Mösli gerufen, um die Schienen der Appenzeller Bahn wieder freizumachen, wenn sich ein Wagenrad verkeilt hatte oder etwas im Weg war. Er habe oft ein Pferd ersetzt.

Einmal kam General Guisan ins Appenzellerland und gratulierte dem Langläufer Hans Schoch zu seinen sportlichen Leistungen. Hans Schoch hatte wenige Tage zuvor etwas angestellt und musste eine Strafe absitzen. Er konnte den Strafantritt verschieben mit der Begründung, er könne General Guisan doch nicht sagen, er müsse nach dem Händedruck zurück ins Gefängnis.

Wie Hans Schoch und Böler hatte auch Hannes Mösli immer wieder mit den Ordnungshütern zu tun. Mehr aus Blödsinn denn aus Bosheit stellte er immer wieder etwas an. Einmal nahm er zwei Polizisten unter den Arm und brachte sie auf den Polizeiposten. Er bringe sie an den Ort, wo sie hingehörten, erklärte er.

Als an einem Urnäscher Jahrmarkt ein paar Betrunkene in der damaligen Wirtschaft Bad randalierten – es war sprichwörtlich, dass es nicht Jahrmarkt sei, wenn nicht irgendwo ein abgerissenes Ohr unter einem Wirtshaustisch liege – und anfingen, das Inventar zu zertrümmern, kam Hannes Mösli im richtigen Moment. Er schuf blitzartig Ordnung: Er packte zwei und zwei und warf sie aus der Tür, dann drehte er den Schlüssel von innen. Diesmal war er der Retter in der Not, nicht selber in den Streit verwickelt.

Einmal trug Hannes Mösli aufs Mal sechs Zementsäcke in die Alp Haumösli hinauf. Er benutzte eine Leiter als Traggestell. Er steckte seinen Kopf zwischen den mittleren Sprossen durch. Dann liess er die Säcke auf beiden Seiten der Leiter auflegen. Es war wichtig, dass die Ladung im Gleichgewicht war. Auf dem Weg gönnte er sich eine Ruhepause. Er legte die Leiter über zwei Äste eines Baums und schlüpfte aus der Leiter. Nach einer solchen Anstrengung liess sich Hannes Mösli meist zwei bis drei Tage nicht mehr blicken. Man sah ihn dann auf einer Wiese schlafen oder im Wirtshaus sitzen.

In der Wirtschaft Saienbrücke ging er einmal auf den Tanz. Aber er habe nicht eine hübsche junge Frau im Arm gehalten, sondern einen riesigen Stein. Diesen Stein liess er manchmal aus Spass in die Urnäsch hinunterrollen und trug ihn dann wieder hinauf. Den Stein gibt es noch immer in der «Saienbrücke».

Auf seine Kraft konnte sich Hannes Mösli verlassen, sie sicherte ihm sein Auskommen. Sie ermöglichte es ihm, so zu leben, wie er wollte: keinen Chef haben, niemandem gehorchen, die Zeit selber einteilen. Er konnte machen, was er wollte. Aber auf ihn war kein Verlass. Seine Lust zu arbeiten war unstet. Ein Bauer vom Schochenberg fragte ihn im Frühling, ob er ihm nicht helfe. Es liege noch viel Schnee auf seiner

Strasse und um das Haus herum und er sollte dringend die Jauche ausbringen. Die Jauchegrube sei voll. Hannes Mösli sagte zu und schaufelte am nächsten Tag den ganzen Morgen lang Schnee. Er kam gut voran. Der Knecht stellte das Jauchefass bereit. Gegen elf Uhr sagte Mösli, er habe Hunger. In der Küche wurde reichhaltig aufgetischt. Mösli futterte ausgiebig. Als er um halb eins immer noch am Essen war, bat ihn der Bauer, mit dem Schneeräumen weiterzumachen. Hannes Mösli stand auf und sagte, für heute habe er genug, den Rest mache er dann im August, und verschwand.

Hufschmid Wittwer an der Schmiedgasse in Herisau hatte seine Werkstatt nur kurz verlassen, um etwas zu essen. Als er zurückkam, stand sein Amboss auf der Strasse und daneben Hannes Mösli. Für ein Fünffrankenstück stelle er den Amboss wieder an seinen Platz. Der Hufschmied drückte ihm schnell die Münze in die Hand. Zu warten, bis jemand ihm helfen würde, ihn zurückzustellen, wäre teurer gewesen. Es brauchte drei Mann, um einen solchen Amboss zu tragen.

Leider war manches, was Hannes Mösli tat, an der Grenze des Erlaubten. Die Leute lachten zwar über die Sachen, die er leistete, es gab aber auch Dinge, die man lieber verschwieg. Doch was man geheimhalten möchte, sickert meistens erst recht irgendwo durch. Lange hielt man jene Geschichte für übertrieben, die alle erzählten, wenn der Name Hannes Mösli fiel. Sie ist aber wahr, und sie hatte unangenehme Folgen für Mösli. Für ihn war es wohl nur ein Spiel, bei dem er seine Kraft demonstrierte. Zwei Polizisten wollten ihn wegen einer Kleinigkeit verhaften. Da packte er mit jeder Hand einen an seiner Uniformjacke und hielt sie über das Geländer der alten Hundwilertobelbrücke, – andere sagen, über einen Felsen neben der Brücke: «Entweder lasst ihr mich gehen und kommt mit mir in die nächste Wirtschaft, oder ich lasse euch fallen.» Man wagt nicht daran zu denken, was hätte passieren können. Daraufhin wurde Hannes Mösli längere Zeit eingesperrt.

Als er zum ersten Mal in die Strafanstalt Gmünden gekommen war, sagte er beim Eintritt: «Herr Verwalter, ich habe ein paar starke Arme!» – «Ja», erwiderte der Verwalter und liess einen schweren Stein ins Bachtobel hinunterrollen. Er solle ihn sofort heraufholen. Hannes Mösli holte ihn und musste dann gleich nochmals ins Tobel hinuntersteigen, um ihn erneut zu holen. Der Verwalter hatte ihn ein zweites Mal hinunterrollen lassen.

Man sagt, dass die einzigen Polizisten, von denen sich Hannes Mösli etwas sagen liess, Polizist Wild aus Urnäsch und Polizist Waldburger aus Gais waren. Polizist Waldburger erzählte einmal vom starken Mösli, während er sich beim Coiffeur die Haare schneiden liess: Mösli habe in einer Nacht im Dorf Bühler einen Doppelspänner (Wagen für zwei Pferde) gestohlen. Er habe sich selber eingespannt und den Wagen über Gais, den Stoss nach Altstätten bis nach Lustenau gezogen. Dort habe er ihn verkauft.

Der Alkoholkonsum und die ungesunde Lebensweise setzten Hannes Mösli mit der Zeit zu. Dass seine Kraft abnahm, zeigte sich zuerst bei seinem Durchhaltevermögen. Im Kopf war er aber noch in Ordnung und gab nicht gerne zu, dass seine Kondition nachliess.

Er half einem Bauern im Weiler Feld in Urnäsch beim Heuen. «Macht ihr schlechte Heubürden!», spottete er. Er band zwei Heuseile zusammen, machte eine riesige Heubürde und trug sie zum Stall. Er kam noch durch das Tenntor, aber die Heuleiter schaffte er nicht mehr. Er warf die Heubürde vor die Leiter und verschwand.

In der Wirtschaft Winkfeld sass er einmal auf der Bank neben anderen Gästen. Als einer, der neben ihm sass, ihn bat aufzustehen, damit er hinauskönne, lachte Mösli und hielt sich an der Bank fest: «Du kannst mich ja zur Seite schieben.» Sie versuchten es zu zweit, aber brachten ihn keinen Zentimeter von seinem Platz weg.

Weiterhin ging er von Dorf zu Dorf und hinterliess seine Spuren in den Streuehütten, in denen er geschlafen hatte, in den Ställen, in den Häusern. «Ein Kranz Servela (Wurst) fehlt, Mösli ist da gewesen!» – «Der Dreipfünder (Brot) ist nicht mehr da. Ist Hannes Mösli in der Gegend?» – «Mösli, willst du eine Suppe?» «Danke, die werde ich nicht in meine Schuhe leeren!» Die Antwort auf ein Angebot «Danke, die werde ich nicht in meine Schuhe leeren» hörte man damals oft. Hannes Mösli trug selten Schuhe. Er umwickelte seine Füsse mit Lappen und Säcken.

Im Schönengrund gab es auf dem Polizeiposten ein Zimmer. Wenn Hannes Mösli etwas angestellt hatte, wurde er dort für eine Nacht eingesperrt. Bestimmt bekam er dann zum Frühstück ein Stück Brot und einen warmen Kaffee.

Im Frühherbst warf er in Herisau zwei Polizisten in den Brunnen vor der katholischen Kirche. Daraufhin wurde er wieder in die Strafanstalt Gmünden gebracht. Das kam ihm gelegen. Damit hatte er für den Winter ausgesorgt. Er hatte ein Dach über dem Kopf und genug zu essen. Im Frühling wurde er wieder entlassen. Der starke Mösli. Ein Unikum. Im Grunde war er kein schlechter Mensch. Wie er starb, war bitter: In einer kalten Winternacht froren seine Füsse ab. Am 10. Januar 1952 starb er im Spital Gais.

Von Liebes- und von Ehepaaren

Die Liebe ist ein schwieriges Kapitel

Das Zusammenleben von Unverheirateten war bis Mitte des zwanzigsten Jahrhunderts nicht üblich. Mit dem Finger wurde auf jene gezeigt, die es trotzdem wagten, – ausser wenn sich Verwitwete zusammentaten. Das war an der Tagesordnung, fast eine Pflicht. Wenn einer Frau der Mann starb, bekam sie einen Beistand und die Kinder einen Vormund, der in Erziehungs- und Geldfragen das Sagen hatte. Wenn einem Mann die Frau starb, musste er schnell eine neue finden, damit die Kinder wieder eine Mutter hatten. Meist wuchs dann die Kinderzahl innert weniger Jahre auf das Doppelte an. Die Verhütungspille gab es noch nicht.

Die Mädchen wurden schlecht oder gar nicht aufgeklärt. Die Burschen orientierten sich an der Natur und an ihren Trieben. Über Sexualität wurde nicht gesprochen. Kinder gab es trotzdem und im Geheimen auch Kindsmissbrauch, der vielfach von den Müttern und der Obrigkeit still toleriert wurde. Das ist eine andere, eine traurige Geschichte.

Heute kann man sich fragen, warum alles, was im Zusammenhang mit der Körperlichkeit stand, tabuisiert wurde. Wegen der Religion, wegen der Gesellschaft oder wegen beiden? Nackte Frauen in Zeitschriften und am TV gab es noch nicht. Es war die Zeit, als baden und duschen erst langsam aufkamen. Den eigenen Körper zu erkunden, getrauten sich viele Leute nicht. Kinder, die Doktorspiele machten, wurden in vielen Familien dafür bestraft. Man musste seinen Nachwuchs schützen. Alles, was unter dem Bauchnabel war, galt als unanständig und ekelhaft: «Pfui! Weg mit den Händen!» Das war wohl der Grund, warum viele junge Frauen nicht über dieses Thema redeten und sich nicht getrauten, sich selber anzuschauen. Noch lange hätten sie sich bis zur Verlobung oder bis zur Heirat ihre Jungfräulichkeit bewahren sollen. Noch in den 1950er-Jahren gab es Menschen, die glaubten, vom Küssen gebe es Kinder. Man kann sich vorstellen, wie viele Ängste nach ersten körperlichen Kontakten ausgestanden wurden. Darüber zu reden, trauten sich die meisten nicht. Und falls reden – mit wem? Es verwundert daher nicht, dass es für die Frauen nicht einfach war, später zu einer erfüllten Sexualität zu finden. Die meisten Männer waren ebenfalls voller Hemmungen. Sexualität spielte in Witzen eine Rolle, und die kamen oft aus der untersten Schublade.

In den 1960er-Jahren ging eine Bäuerin ins Spital Herisau, um zu gebären. Ihrem sechsjährigen Sohn erzählte sie, sie gehe ein Kind kaufen. Auf dem Estrich habe sie heimlich den Stubenwagen bereit gemacht, damit der Kleine nichts merke. Doch der Bub habe trotzdem etwas gemerkt. Er sei vor sie hingestanden, habe sie angeschaut und gesagt: «Mutter, du bist sehr dick, ich glaube, du wirst bald kalben.»

Eine andere Frau erzählte, ihre Mutter habe sie zur Nachbarin Eier holen geschickt. «Wir haben doch selber genug Eier», entgegnete sie der Mutter. «Unser Hahn ist zu jung, und ich habe eine brütige Henne», erklärte die Mutter. Was das bedeute, wollte die Tochter wissen. Die Mutter war verlegen, bekam einen roten Kopf und sagte: «Frag nicht, geh!» Warum die Mutter ihrer Henne die eigenen braunen Eier wegnahm und die weissen der Nachbarin unterlegte, beschäftigte das Mädchen. Ob es an der Farbe liegt, fragte es sich. Als nach drei Wochen die Küken schlüpften und mit der Henne spazieren gingen, versuchte der junge Hahn auf eine Henne zu steigen. Da begriff das Mädchen den Zusammenhang: Es ging nicht um die Farbe, sondern um die befruchteten Eier. Sie spann ihre Gedanken weiter vom Hahn zum Kater, zum Ziegenbock, zum Eber, zum Stier und schliesslich zum Vater. Sie wurde auch etwas verlegen.

Ein Mann erzählte, er sei als Bub in der Oberstufe mit ein paar Kollegen im Schulhaus das Treppengeländer hinuntergerutscht. Er sei der schnellste gewesen, habe sich aber dabei verletzt. Seine Hoden schmerzten, sie wurden rot, blau, grün und waren geschwollen. Er schämte sich und traute sich nicht, mit jemandem darüber zu sprechen. Als die Schmerzen nicht nachliessen und ihm die Tränen in die Augen trieben und er Angst hatte, ging er zur Mutter, um es ihr zu zeigen. Sie schrie ihn an, er sei ein schmutziger Kerl. Man rutsche nicht das Treppengeländer hinunter. Sein Gemächt wolle sie nicht anschauen. Er könne ja zum Vater gehen. Das traute er sich nicht aus Angst, dass dieser ihm den Hintern versohle. So blieb ihm nichts anderes, als zu warten, bis es von selber wieder heilte.

Kein Wunder gab es zwischen Mann und Frau auf dem Gebiet der Sexualität oft Unstimmigkeiten. Es gab aber auch Leute, die ganz unkompliziert darüber reden konnten. Das zeigt die Äusserung einer jungen Bäuerin: «Ich habe schon viele nah an mich herangelassen, aber eingelassen habe ich mich bis jetzt noch mit keinem.»

Geschiedene Leute, vor allem Frauen, wurden noch lange schräg angeschaut. Das führte dazu, dass viele Ehepaare zusammenblieben und doch getrennte Wege gingen. So wahrten sie den Schein. Von einem Urnäscher, der im Militär einen hohen Rang bekleidete, wurde erzählt, er esse jeden Tag mit Tischtuch und Serviette allein in der Stube seines Hauses. Wenn er mit der Tischglocke läute, müsse ihm seine Frau das Essen servieren. Solche Männer habe es im Appenzellerland zu einer gewissen Zeit mehrere gegeben. Nicht bei den Bauern, aber bei den Herren.

Andere stritten und versöhnten sich wieder. Man war ja kein Liebespaar, sondern hatte Kinder und eine gemeinsame

Aufgabe. Es ist anzunehmen, dass es heute in einer Wohnung, wo die Menschen nahe aufeinander leben, ebenso schwierig sein kann, eine gute Partnerschaft zu führen.

Die Männer gingen früher jedes Jahr in den Militärdienst und waren einige Zeit weg von zu Hause, und man war noch nicht so mobil wie heute. Das gab etwas Abstand. Luise Alder vom Weiler Strüssler, die Frau von Ueli Alder von der Streichmusik Alder, hörte am Radio eine Frau sagen: Alle, die nicht geschieden seien, sollten schleunigst ihre Männer verlassen. «Hast du gehört, Ueli?», rief sie. «Ich hätte auch manchmal Grund gehabt, dich zu verlassen, als ich alle Arbeit in Haus und Stall alleine machen musste, weil du auf einer Tournee warst und von anderen Frauen angehimmelt wurdest.» Ueli lachte und meinte liebevoll: «Du hast Recht! Zum Glück bist du nicht gegangen. Und jetzt, da wir beide alt sind, lohnt es sich auch nicht mehr.»

Der Leberzwerg und seine Frau

Seltsames weiss man von einem anderen Ehepaar. Er war im Weiler Gerstenrüti aufgewachsen und wohnte dann in der Gass. Sein Spitzname war Leberzwerg. Er und seine Frau stitten sich immer. Wenn sie Pflanzen kaufte, um sie im Garten zu setzen, legte er sie in die Sonne. Wenn er am Arbeiten war, versteckte sie sein Werkzeug. Das verleidete ihm. Eines Tages, als ein Gewitter aufzog, legte er Schwarzpulver in den Holzherd. Er dachte: Wenn die Frau das Feuer anzündet und der Herd explodiert, wird es aussehen, wie wenn der Blitz eingeschlagen hätte. Doch die Frau ging, nachdem das Reisig brannte, in den Keller hinunter, um etwas zu holen. Sie wurde bei der Explosion des Ofens nicht verletzt. Es kam schnell aus, dass nicht der Blitz an der Explosion schuld war. Der Mann wurde eingesperrt. Die Frau besuchte ihn während dieser Zeit oft. Als die Frau später einmal ins Spital musste, besuchte ihr Mann sie täglich, so sehr hingen sie aneinander.

Lisette Schwizer und Dörig, den niemanden beim Vornamen rief, waren ein spezielles Paar, nicht verheiratet lebten sie viele Jahre zusammen. Sie war liebenswürdig und er ein böser Kerl, der jedem, der an seinem Haus vorbeiging, mit der Mistgabel hinterherrannte. Wenn er auf der Post seine AHV-Rente abholte, ging er manchmal drei Tage nicht nach Hause, bis er alles ausgegeben hatte.

Lisette hatte lange in der Zwirnerei Nef gearbeitet, bevor sie mit Dörig im Weiler Tell eine Landwirtschaft betrieb. Es muss bei ihnen im Haus schrecklich ausgesehen haben. Sie schliefen auf ein paar Wolldecken, die sie auf das Bettgestell gelegt hatten. Die Hühner gingen in der Küche ein und aus. Der Stall wurde nie ausgemistet. Der Mist im Ziegenstall war so hoch, dass die Ziegen mit ihren Köpfen fast die Decke berührten. Immerhin war es dort oben warm. Die Klauen wurden ihnen nie geschnitten. Schliesslich griff der Tierschutz ein.

Um 1965 hatte Dörig einen Unfall. Sein gebrochenes Bein schiente er mit Holzlatten, wickelte Lappen darum und machte sich ein Holzgestell, mit dem er gehen konnte. Der damalige Dorfarzt, Gustav Irniger, sah Dörig auf der Strasse, als er mit dem Auto unterwegs war. Er hielt an und fragte, ob er mitfahren wolle. Nein, meinte Dörig. Er bringe ihn nach Hause, er könne ja kaum gehen. Der Arzt öffnete die Wagentüre. Dörig sträubte sich, doch dann stieg er ein. Sein Bein sehe aber nicht gut aus, ob er damit nicht zu einem Arzt gehen wolle, fragte Irniger. «Nein», wehrte Dörig ab. «Diese Ärzte sind allesamt nichts wert.»

Beim Sohn von Gustav Irniger, Walter Irniger, wurde Dörig ein guter Kunde wegen eines Arms, den er bei einem Streit in der Wirtschaft Rose im Weiler Tell gebrochen hatte. Nach dem Feierabend ging er in die Praxis. Dann setzte er sich bis nach der Polizeistunde in die Wirtschaft Scheidweg, um anschliessend an Irnigers Haustüre zu läuten. Ob Irniger ihn nicht heimfahren könne. Walter Irniger machte das ein paarmal. Dann aber erklärte er Dörig, er mache das nicht mehr, er habe noch andere Patienten. Als Dörig trotzdem wiederkam, hiess ihn der Arzt, im Röntgenzimmer zu schlafen. Von da an kam Dörig nicht mehr.

Als Lisette Schwizer ihren achtzigsten Geburtstag hatte, brachte ihr der Gemeindeschreiber ein Paket mit Esswaren und einen Strauss Blumen. Lisette war gerade am Holz Spalten und freute sich sehr. Noch nie im Leben habe ihr jemand Blumen geschenkt. Sie legte die Axt zur Seite und nahm die Blumen entgegen, sie strahlte und drückte die Blumen an sich, bis die Stiele brachen und der Strauss auseinanderfiel. In der Zwischenzeit hatte Dörig das Paket mit den Esswaren behändigt und blieb einige Zeit verschwunden.

Josy Glaser und Ernst Schoop, nur Josy nannte ihn Greber Göres

Josy Glaser und Ernst Schoop waren einmal ein Liebespaar. Sie war im Restaurant Ochsen in Urnäsch aufgewachsen, er in Herisau in der Unteren Fabrik. Sie war eine grosse schöne Frau, er bestimmt einen Kopf kleiner, dafür temperamentvoll. Niemand ausser Josy Glaser nannte Ernst Schoop Greber Göres. Was das bedeuten sollte, weiss niemand, und niemand kannte ihn unter diesem Namen. «Was macht Greber Göres?», war eine Frage, die Josy noch als alte Frau Verwandten von Ernst Schoop stellte. «Was macht er? Wie geht es ihm?» Sie redeten während Jahren nicht miteinander. Seit wann – darüber schwieg man. Bekannt war, dass Teller-Eva erzählte, am Tag der Hochzeit, am 14. Oktober 1926, von Ernst Schoop mit Emma Zuberbühler habe Josy Glaser den ganzen Tag geweint.

Ernst Schoop eröffnete 1923 in Urnäsch in den Räumen der ehemaligen Stickerei von Konrad Zuberbühler, seinem späteren Schwiegervater, eine kleine Druckerei. Im gleichen Haus besass Alfred Zuberbühler, sein späterer Schwager, eine Fabrik für Papiersäcke, Metzgerpapier und Geschenkpapier, die von Jakob Nef, genannt Ballonjock, betrieben wurde. An seinem 31. Geburtstag, dem 9. Dezember 1929, kaufte Ernst Schoop die ganze Liegenschaft und vergrösserte seine Druckerei. Er war gelernter Schriftsetzer und absolvierte das Drucktechnikum in Leipzig. In Urnäsch verliebte er sich in Josy Glaser, die Tochter des Ochsen-Wirts. Sie wollten heiraten. Aber Josys Eltern winkten ab: Ein Reformierter komme nicht in Frage. Sie waren katholisch. Niemals. Damals hatten die Eltern im Hinblick auf eine Heirat das Sagen. Schlag dir das aus dem Kopf! Ernst und Josy trafen sich heimlich, sie schrieben sich, sie kämpften. Umsonst! Es nützte nichts. Wenn Josy ein Mitglied ihrer Familie bleiben wollte, musste sie gehorchen.

Ob es noch einen anderen Grund gab als die Konfession? Glasers, die das Restaurant Ochsen 1897 übernommen hatten, gehörten zu den besseren Leuten im Dorf. Von den Schoops aus der Unteren Fabrik hörte man nicht nur Gutes.

Der Vater von Ernst Schoop, Ernst Schoop senior, geboren 1875, war in jungen Jahren der beste Radfahrer weiterum, aber er hatte Frauengeschichten und noch mehr Schlägereien. Er war Kondukteur bei der Appenzeller Bahn. Einen guten Posten als Bahnhofsvorstand im Fricktal hatte er wegen seines wilden Gebarens verloren. Auch in Herisau hatte er immer wieder Klagen am Hals, weil er jemanden zusammengeschlagen hatte. Babette, seine Frau, ging oft Ende der Woche zum Direktor der Appenzeller Bahn und bat ihn, ihr die Lohntüte ihres Mannes zu geben, damit sie Nahrungsmittel für ihre Familie kaufen könne, bevor das Geld weg sei für Schmerzensgeldzahlungen.

Sie machte alles, um die Familie durchzubringen. Gemüse, Kartoffeln und Beeren zog sie im Garten. Das reichte aber nicht, um die hungrigen Mäuler zu stopfen. Deshalb landete alles in ihrer Pfanne: Hunde, Katzen, Meerschweinchen, die sie züchteten, Krähen und Spatzen, die sie schossen, und Fische, die sie von Hand fingen. Der alte Ernst Schoop war ein guter Schütze mit guter körperlicher Kondition. Mit über sechzig schaffte er es noch, zwei Karabiner vorne am Lauf haltend, die Arme seitwärts zu strecken. Kein Wunder mass er sich gerne mit Hannes Mösli im Hosenlupf.

Als das 1905 geschaffene Denkmal für Ueli Rotach (Appenzeller Freiheitsheld) mit der Appenzeller Bahn nach Appenzell transportiert und mit einem Ochsengespann zum Rathaus gefahren wurde, half Ernst Schoop beim Abladen an vorderster Front mit. Als er nach Herisau zurückkehrte, begegnete er Hannes Mösli. Er habe gerade das Ueli-Rotach-Denkmal nach Appenzell bringen dürfen, prahlte Schoop. «Was, Ueli Rotach?», spottete der alkoholisierte Mösli, «ich bin ein Ueli Rotach, du bist nur ein Dahergelaufener!» Da gingen die beiden wie Hähne aufeinander los und fielen aufs Bahngleis. Der Zug begann bereits zu fahren. Kondukteur Schoop sprang auf. «Alle Fahrscheine, bitte!», rief er, putzte seine Uniformhose ab und warf einen kurzen Blick auf Hannes Mösli, der gerade wieder aufgestanden war.

Eine Woche später vermöbelten die beiden in guter Zusammenarbeit einen Zimmermann aus Hamburg. Dieses Mal hatten nicht sie den Streit angezettelt. Der Zimmermann hatte eine Stange in der Hand und rief: «Den nächsten, der zur Türe hereinkommt, erschlag ich.» Das kam den beiden gelegen. Allerdings musste Ernst Schoop den halben Wochenlohn zur Wiedergutmachung darangeben.

Als alter Mann kam er eines Tages mit zerkratztem Gesicht und zerrissenem Hemd nach Hause. Doch seine Augen leuchteten: Er habe Hannes Mösli getroffen und sie hätten es beide noch ein Mal wissen wollen.

Zurück zu Ernst Schoop junior: Nachdem er Josy Glaser nicht bekommen hatte, suchte er eine andere Frau. In Emma Zuberbühler, der Tochter des ehemaligen Gemeindepräsidenten und Oberrichters Konrad Zuberbühler, fand er die richtige. Ihr Bruder, Alfred Zuberbühler, führte die Kantonalbank. Emma war eine gute Partie für einen jungen Unternehmer.

Doch am Tag nach der Hochzeit stand Ernst Schoop wieder vor der Türe von Josy Glaser. Schoop machte kein Geheimnis aus dem, was er machte. Es gab Leute, die ihn verstanden, und andere, die ihn nicht verstanden: auf der einen Seite eine rassige Frau, auf der anderen eine liebe Ehefrau, die ihrem Mann alles gab ausser das, was er als sinnlicher Mann begehrte.

Emma und Ernst Schoop hatten es trotz allem gut miteinander. Sie war ihm treu, führte die Buchhaltung der Druckerei und machte jede Woche die Lohntüten der Arbeiter bereit. Von aussen betrachtet passten die beiden gut zueinander. Kinder hatten sie keine.

Als alte Frau erzählte Emma: «Potztausend, früher war es noch anders. Die Kinder mussten gehorchen, und die Leute mussten arbeiten. Und die Frauen erst: jeden Monat die Wäsche von Hand waschen und im Siedhafen sieden. Aber ich muss zugeben: Ich hatte immer eine Waschfrau. Ernst wollte nicht, dass man sagen konnte, ich müsse zu viel arbeiten. Und das Bügeln. Ich konnte nicht so schön bügeln, darum hatte ich immer eine Büglerin. Und die Putzerei, nachdem Kaminfeger Fässler im Haus war. Was für ein Dreck! Ich gebe zu, ich hatte immer eine Putzfrau. Dafür hat Ernst gesorgt.»

Aus Ernst Schoop wurde ein erfolgreicher Geschäftsmann. Er fuhr einen rechtsgesteuerten Jaguar. Man konnte meinen, ein ferngesteuertes Auto komme. Erst auf den zweiten Blick erkannte man den kleinen Mann mit seinem grauen Hut hinter dem Steuer. Jede Woche fuhr er nach Zürich, um Aufträge für seine Druckerei zu akquirieren.

Urnäsch befand sich zu dieser Zeit in einer Phase wirtschaftlichen Aufschwungs. Giovanni Blaas aus dem Unterengadin eröffnete mit einem Teilhaber eine Autogarage. Blaas reparierte Autos, und der Partner erteilte Fahrstunden. Der Teilhaber zog nach wenigen Jahren wieder fort.

Giovanni Blaas sass mit Ernst Schoop im Restaurant Taube, als er sagte: «Du kennst dich doch in Zürich aus. Ich muss dort eine Frau finden, die früher in Urnäsch serviert hat. Sie schuldet mir noch Geld für Fahrstunden und für ein Auto, das sie bei mir gekauft hat.» Eine Woche später fuhr Schoop nicht mit seinem Jaguar, sondern als Mitfahrer von Giovanni Blaas nach Zürich. Die Serviererin fanden sie schnell in einem Restaurant an der Arbeit. Sie begegnete den beiden Männern, die sie von Urnäsch her kannte, freundlich. Nach dem Essen baten die Männer sie, sich für einen Kaffee zu ihnen zu setzen. Giovanni Blaas brachte sein Anliegen in seinem schönen Bündner Dialekt vor: Es sei schon ziemlich lange her und sie schulde ihm einen bedeutenden Betrag. «Ich, etwas schuldig?» Die Frau lachte schallend und legte Blaas ihre Hand auf die Schulter: «Meine Schuld habe ich deinem Geschäftspartner schon vor langer Zeit in Liebesdiensten bezahlt.» Giovanni Blaas schluckte leer und verstand die Welt nicht mehr. Schoop aber schmunzelte: Frauengeschichten! Liebesgeschichten! Wer könnte das nicht verstehen!

Josy Glaser wollte Bäuerin werden. Darum kaufte Ernst Schoop 1941 das Grundstück Farnebni. Die Landwirtschaft lag auch ihm am Herzen. Einen eigenen Bauernhof zu besitzen, war auch sein Wunsch. 1959 kaufte er die Gerstenrüti, den Stillert (Ortsnamen) und die Alp Hölzli. Er war Mitglied des Bauernverbands und des Landwirtschaftlichen Vereins. Für seinen Betrieb in der Gerstenrüti stellte er einen Knecht ein. Er schaffte alles an, was es für die Landwirtschaft brauchte. Auch Kühe. In der Zeit des Heuens mussten die Angestellten der Druckerei, die Erfahrung im Heuen hatten, helfen beim Mähen, Schwaden Machen und Rechen.

Walter Schoop, der auch mit einer Urnäscherin verheiratet war, war bei seinem Bruder Ernst als Drucker angestellt gewesen, bevor er in Herisau eine eigene Druckerei eröffnete.

Der zweite Bruder, Paul Schoop, führte an der Bahnhofstrasse in Herisau ein Fahrrad-, Motorrad- und Nähmaschinengeschäft. Er war auch wegen seines Bernhardinerhundes bekannt: «Komm her, gutmütiges Dummerchen, komm zu mir! Was, nicht? Dann mach, was du willst!» Als junger Mann fuhr er wie sein Vater Fahrradrennen. Jedes Jahr nahm er an der «Zürimetzgete» (Fahrradrennen im Kanton Zürich) teil, fuhr zuerst mit seinem Fahrrad nach Zürich, absolvierte das Rundrennen und fuhr dann, meist mit einem Kranz (Auszeichnung), wieder zurück nach Herisau. Noch lieber war er mit seinem Motorrad mit Seitenwagen unterwegs.

Seine Frau, Trudi Jost, fuhr als eine der ersten Frauen Motorradrennen: Rheineck-Walzenhausen, Bergrennen Hemberg und andere. Sie war eine zierliche, aber starke Frau, immer sehr gepflegt und ausserordentlich gerecht gegen alle. Das bare Gegenteil ihrer Schwiegermutter Babette. Als der damals junge Paul Schoop seiner Mutter sagte, er wolle heiraten, seine Freundin sei eine gelernte Köchin, sagte Babette: «Was du zu kochen hast, kann jede!» Dabei hatte die junge Frau eine sehr gute Ausbildung in der französischen Schweiz genossen. Sie schrieb ein Kochbuch mit dem Titel «Einfache und bessere Küche». Das liess sie bei ihrem zukünftigen Schwager Ernst Schoop in Urnäsch drucken. Darauf fuhr sie mit ihrem Motorrad durch die Gegend und verkaufte ihr Kochbuch. Noch heute gibt es das Kochbuch von Trudi Jost in manchem Appenzellerhaus. Ihr Vater, ein Berner, hatte einige Jahre als Käser in Russland gearbeitet, ehe er sich in

Herisau niederliess und Katharina Engler, eine Urnäscherin, heiratete, die zum Teil in Herisau aufgewachsen war. Dass Trudi Jost kochen konnte, merkte ihre Schwiegermutter Babette bald.

Als kurz vor Weihnachten ihr junger Dackel überfahren wurde, zog Babette dem toten Hund die Haut ab, nahm ihn aus und dekorierte ihn mit einer Tomate und Petersilie. So vorbereitet zum Kochen überreichte sie den kleinen Hund ihrer Schwiegertochter Trudi als Weihnachtsgeschenk.

Der Sohn von Paul und Trudi Schoop-Jost hiess auch Paul. Er übernahm später die Druckerei seines Onkels Ernst Schoop in Urnäsch. Als junger Mann fuhr er während fünf Jahren zur See. Als er einmal seine Grossmutter Babette besuchte, schaute sie den bärtigen Mann an und sagte: «Ich bin zwar jetzt eine alte Kuh, aber dich würde ich trotzdem nicht nehmen.» Da war die Urnäscher Grossmutter Katharina Jost-Engler eine bedeutend herzlichere Frau.

Paul Schoop junior verbrachte als Bub häufig seine Ferien bei Josy Glaser, der Geliebten seines Onkels Ernst Schoop, auf dem Bauernhof in der Farnebni. Bei ihr habe er zupacken gelernt, erzählte er oft.

Ja, die Josy! Die Leute muss man reden lassen und die Kühe kalben. Eines frühen Morgens, als die Vögel zu singen begannen, wanderte Ernst Schoop über Hinterberg in die Farnebni hinauf. Tak-tak machte sein Handstock bei jedem Schritt. Sein Herz jauchzte. Er wollte Josy einen Morgenbesuch abstatten. Doch als er an die Schlafzimmertüre klopfte, – es durfte nicht wahr sein! Eigentlich darf man die Geschichte an dieser Stelle nicht weiter erzählen! Aber damals wussten es alle: Josy war nicht allein im Bett. Der Schlag, wahrscheinlich der härteste im Leben von Ernst Schoop, sass: Seine Josy hatte eine Affäre mit seinem Knecht Emil. Ernst Schoop hatte keine Freude mehr an der Farnebni. 1955 verkaufte er sie.

Josy Glaser übernahm die Wirtschaft Zur frohen Aussicht

mit dem kleinen Kolonialwarengeschäft im Weiler Bindli, und wurde eine bei allen Leuten beliebte Wirtin. Emil konnte das kleine Heimwesen Elmen, oberhalb der Strasse am Elmenrank kaufen. Jeden Abend sass er im «Bindli» bei Josy, deren Freund er blieb. Später zog sie zu ihm. Wie ein gutes Ehepaar lebten sie viele Jahre bis zu ihrem Tod beisammen. Noch als alte Frau jedoch schaute Josy jeden Sonntag mit dem Feldstecher zum Fenster aus der Stube hinüber auf die andere Talseite zum Stillert. Dort verbrachte Ernst Schoop mit seiner 26 Jahre jüngeren Freundin Frieda Zöpfel (1924–2009) jede freie Stunde. Sie war in Urnäsch aufgewachsen und war als junge Arbeiterin in die Druckerei Schoop gekommen. Bald wurde sie zur unersetzlichen Kraft im Betrieb und im Büro. Ihre kräftige Statur ähnelte der von Josy.

Josy verfolgte das Tun der beiden. «Die Zöpfel ist wieder bei ihm», sagte sie zu ihrem Lebenspartner, «diese Zöpfel! Hörst du, Emil?» Und Emil, der ein Nickerchen auf dem Sofa machte, murmelte: «Ja, ich weiss.» Am nächsten Tag brachte Josy Glaser der betagten Frau von Ernst Schoop Bienenhonig und Eier. Zur Frau des jungen Paul Schoop sagte Josy: «Was macht Greber Göres? Hält er es nicht aus ohne diese Zöpfel? Und was macht dein Mann? Koch ihm nicht zu viele Eier. Ich kenne diese Schoop-Männer!»

Neben der Druckerei Schoop wurde die Landi, der Laden der Landwirtschaftlichen Genossenschaft, gebaut und 1975 eröffnet. In der Planungsphase schrieb der über siebzig Jahre alte Ernst Schoop dem Präsidenten des Landwirtschaftlichen Vereins Urnäsch, Ueli Frick vom Waisenhaus, der Silo, den sie bauen wollten, sei viel zu gross. So viel Geld dafür zu investieren, lohne sich nicht. Er trete aus dem Verein aus. Bestimmt konnte er sich damals nicht vorstellen, dass die Landi seine Druckerei überleben würde.

An einem Fest der Druckerei mit über 200 Gästen auf der Schwägalp klaubte er den billigsten Stumpen aus der Zigarrenkiste. Die Serviererin flüsterte ihm zu: «Ich würde einen teureren nehmen, wissen Sie, der alte Schoop bezahlt alles.» Er, der Seniorchef und Besitzer des Betriebs, lächelte nur still vor sich hin und zündete seinen Lieblingsstumpen an.

In der Druckbranche ging es wie einst in der Textilbranche wirtschaftlich bedingt abwärts. In den Räumen, in denen vor wenigen Jahrzehnten noch hochwertige Drucksachen hergestellt wurden, wurden Wohnungen eingebaut. Ernst Schoop erlebte das nicht mehr. Für ihn gewann der Stillert, wo er sich so gerne aufhielt, in seinen letzten Lebensjahren eine noch grössere Bedeutung: «Dieses Stück Boden gehört mir. Von dort bis in den Himmel hinauf!» Als er krank im Spital lag, wünschte er sich Wasser vom Stillert zum Trinken.

Auf dem Totenbett zog er seinen Ehering ab und gab ihn seiner Frau Emma. Dann nahm er den Siegelring vom Finger und legte ihn in die Hand von Frieda Zöpfel. Sie war ihm während vieler Jahre eine gute Freundin und Stütze gewesen – zuerst im Geschäft, dann privat und auch später, als er krank war. Sie kümmerte sich auch um Ernsts Frau Emma, die sie immer mit etwas Ehrfurcht mit «Frau Schoop» ansprach.

Und Josy Glaser? Ernst Schoop hinterliess ihr testamentarisch etwas und beglich so eine alte Schuld: Greber Göres hatte seine grosse Liebe nie vergessen.

Vo Lüüt ond wenns glebt hönd

	Wiibervölcher, wo wössed, wa s wönd
1906–1998	Emma Nabulon, Huenze n Emme
1889–1985	Emma Knöpfel, Teller-Eva
1902	Emma Krüsi, Nähschullehrerin (zog 1964 nach Speicher)

	Vo Schtrosseförber ond Chemifeger
1918–1993	Jakob Alder, Blaari Alder
1923–1991	Hans Knöpfel, Langhanes
1914–1995	Emil Frehner, Hundwil
1901–1984	Hans Alder, Zäbi Alder
1889–1962	Emil Fässler, Chemifeger Fässler
1938–2012	Hans Knöpfel, Chemifeger Chnöpfel

	Vo Fuermanne ond Ruchwercher
1920–2013	Emil Fässler jun., Fässlers Migg
1924–1996	Wilhelm Pfändler, Pfändlers Willi
1906	Hans Ammann, Trullalla
1904–1999	Jakob Frischknecht, Bueche-Jöckli

	Vo Brave ond Huusleche
1902–1997	Elsa Zuberbühler, Orgle-Else
1896–2001	Emma Schoop-Zuberbühler
1905–1994	Frieda Schmid, Kindergärtnerin
1907–2006	Anna Hug
1926–2013	Martin Gähler, Gäälers Määrti

	Vo Wertschafte ond Wertslüüt
1926–1972	Emil Rechsteiner, Bolis-Migg
1913–1997	Jakob Rechsteiner, Bolis-Jock
1885–1960	Hermann Martin, de Blitzchog

Vo Armehüüsler ond Taglööner
1907–1990	Hans Alder, Armenvater
1909–1981	Ida Alder-Kämpfer, Armenmutter
keine Angabe	Ulrich Schmid, de Salam-Ueli
1885–1952	Johann Mösli, Möslis Hanes

Vo Liebeslüüt ond Ehepäärli
1900–1983	Emilie Josy Glaser, Bindliwirtin
1898–1976	Ernst Schoop, Greber Göres
1924–2009	Frieda Zöpfel
1906–1987	Lisette Schweizer
keine Angabe	Lisette Schweizers Freund, de Dörig
keine Angabe	De Leberezwerg

Weitere Personen
1911–2000	Giovanni Blaas
1875–1954	Ernst Schoop senior, Herisau
1859–1927	Konrad Zuberbühler, Hauptmann und Oberrichter
1892–1972	Alfred Zuberbühler-Styger
1901–1991	Paul Schoop senior, Herisau
1905–2000	Trudi Schoop-Jost
1831–1917	Jakob Tribelhorn, Heiler